Salers

NOTICE

Historique et Descriptive

à l'usage

des Touristes

Par M. Louis JALENQUES

Avocat, Docteur en Droit

Membre de l'Académie des Lettres, Sciences et Arts
de Clermont-Ferrand

Prix : 1 fr. 50

AURILLAC
IMPRIMERIE MODERNE
1912

SALERS

Notice Historique et Descriptive à l'usage des Touristes

SOMMAIRE

PAGES

INTRODUCTION :

But de cette notice................................. 1

HISTOIRE ET DESCRIPTION DE LA VILLE DE SALERS :

Enumération des choses qui doivent retenir l'attention des touristes.................................. 7

LES SEIGNEURS DE SALERS ET L'ANCIEN CHATEAU FÉODAL :

Les Barons de Salers et les Marquis de Pestels. — Arrêt des Grands-Jours d'Auvergne du 21 janvier 1666. — Destruction du château de Salers. — Les Scorailles-Salers. 7

LES FORTIFICATIONS :

Pillages que Salers eut à souffrir de la part des Anglais et des Routiers aux XIVe et XVe siècles. — Pour en éviter le retour, les Salernois demandent en 1428 l'autorisation de fortifier leur ville. — Travaux exécutés dans la seconde partie du XVe siècle. — Rôle des fortifications dans les guerres de Religion. — Siège du 1er février 1586. — Etat actuel des fortifications........................ 17

LES PRIVILÈGES DE LA VILLE DE SALERS ET L'ANCIEN BAILLIAGE DES HAUTES MONTAGNES D'AUVERGNE :

La ville de Salers sous la féodalité. — Traité de franchise du 7 avril 1508. — Droit de consulat obtenu en 1509. — Livre des archives de la ville. — Lutte pour obtenir le bailliage établi à St-Martin-Valmeroux. — Fixation du siège de ce bailliage à Salers, en 1550. — Composition de ce tribunal au XVIe siècle et au XVIIIe. — Sa suppression sous la Révolution.................................. 25

L'ÉGLISE :

Son origine, sa nef, son clocher, son porche. — Les tapisseries, leur date et leur provenance. — Les deux tableaux du chœur « attribués » à Ribéra. — Lutrin, tableaux, statues, chaire, tabernacle. — Tableau du « Vœu de Ville ». — Mise au tombeau ou Saint Sépulcre. — Fête patronale de Salers ; curieux détail d'après un auteur du XVIIIe siècle.. 31

LA PLACE ET LES VIEILLES MAISONS :

Tour de l'horloge ou du beffroi. — Maison du Président Lizet. — Maison Sevestre. — Buste Tyssandier d'Escous. Maisons de Flogeac, de Raffin, de Chazettes de Bargues, Chevalier de Longevialle, Peyrac, de la Ronade, de Roquemaurel, de Scorailles-Salers, de la Farge. — Maisons des Templiers, de la Bastide, Bertrandy........... 44

L'ESPLANADE DE BAROUZE :

Description du panorama. — Le village de St-Paul. — Le château de Lapierre. — La Maronne. — La Cascade du Couderc. — Le col de Néronne. — Le Puy-Mary.

Le Puy Violent ; les « montagnes », les vacheries, les burons, le fromage du Cantal. — Le Puy bêlant ; opinion du poète Vermenouze. — Les lièvres du Puy Violent et de la région de Salers, rares aujourd'hui, trop nombreux à la fin du XVIIIe siècle.

Vallée de Fontanges. — L'excursion de la Bastide.

Vallée de Saint-Martin-Valmeroux ; localité de ce nom ; église classée.

Vallée de Saint-Projet et de Saint-Chamant ; château de Saint-Chamant.................................... 52

CHAPELLE DE N.-D. DE LORETTE :

Son origine. — Prospérité du pèlerinage. — Œuvre de Mgr Pagis et de M. l'Archiprêtre Chaumeil, de 1882 à 1887.. 61

L'HOSPICE DE SALERS :

Fondé en 1532 par Pierre Lizet, premier président au Parlement de Paris. — Importance de la donation de Pierre Lizet. — Autres bienfaiteurs de l'hospice de Salers. — Son installation dans l'ancienne maison des Pères Missionnaires... 65

LES HOMMES ILLUSTRES DE SALERS :

Pierre Lizet. — Jean de Vernyes. — Mathieu de Chalvet de Rochemonteix. — Tyssandier d'Escous............ 68

Vue Générale de Salers

INTRODUCTION

o o o

Parmi les beautés que l'Auvergne offre à l'admiration des touristes, nul ne me contredira, je pense, si je dis que la ville de Salers mérite d'être mise au premier rang.

Tout, en effet, se trouve réuni dans cette vieille cité pour charmer les yeux des visiteurs, captiver leur intérêt, donner des ailes à leur imagination.

Le voyageur qui de loin l'aperçoit, croit voir surgir devant lui la résurrection d'une de ces villes moyenâgeuses qui n'existent plus aujourd'hui que dans les descriptions de livres ou dans l'imagerie des vieilles gravures. Murs d'enceinte, portes crénelées, tours, beffrois, flèches, c'est une architecture plusieurs fois séculaire, délicieusement patinée par le temps, qui s'offre au regard étonné du touriste qui approche. Pénétrant dans l'intérieur de la ville, celui-ci se trouve dans un curieux dédale d'étroites et sombres ruelles, bordées de maisons aux pignons élancés, aux mansardes superposées, du plus archaïque et du plus pittoresque effet. Toutes ces rues convergent vers une place centrale qui fait à juste titre l'admiration des artistes, tant sont nombreuses, élégantes, ou en tout cas peu banales, les maisons gothiques ou Renaissance qui l'encadrent dans un groupement heureux et des plus rares.

Voici en quels termes la *Grande Encyclopédie* apprécie cette curieuse cité :

Salers mériterait une vraie célébrité pour ses vieilles constructions féodales aussi bien conservées qu'à Nuremberg. C'est un ravissant décor des XVe et XVIe siècles, planté par l'art, respecté par le temps, dans un des plus beaux sites de France. Ses vieilles maisons de basalte et de trachyte noires et grises, aux fenêtres à meneaux, aux portails blasonnés et aux tourelles encorbellées, ses grandes tours de la Martille et de l'Horloge, sont trop délaissées par les artistes, les archéologues et les touristes.

Je n'ajouterai rien à cette appréciation si flatteuse sur l'intérêt artistique et archéologique de la ville de Salers.

Mais le visiteur de cette cité n'est pas charmé seulement par la vue de ses vieilles maisons. Lorsqu'après avoir suivi la *rue des Nobles,* il arrive sur l'esplanade de *Barouze,* il se trouve soudain, du haut de cette terrasse, en présence d'un paysage d'une incomparable beauté. De *Barouze,* en effet, l'œil tour à tour plongeant dans les profondeurs de la vallée de *Saint-Paul,* puis s'élevant sur les cimes du *Puy Violent* ou de *Néronne*, embrasse un décor si riche, si prestigieux, qu'il en reste vraiment impressionné.

Est-ce un amour exagéré du pays natal qui pousse les habitants de cette contrée à prétendre que les herbages de leurs montagnes reflètent, au soleil couchant surtout, des tons rosés, violets ou mauves, d'une nuance ailleurs inconnue ? Ayant vu comme eux, je trouve qu'ils ont vu juste, et je suis heureux de m'appuyer sur l'autorité d'un juge dont nul ne discutera la compétence : *Rosa-Bonheur*, séduite par les effets particuliers de ce ciel et de ces montagnes, a fait à plusieurs reprises de longs séjours dans l'arrondissement de Mauriac, d'où elle a emporté nombre de tableaux célèbres (1).

Pourquoi d'ailleurs insister ? Ainsi que l'écrivait mon regretté ami, Bernard de Miramon-Fargues, dans le charmant *Guide Historique de Vic-sur-Cère*, conçu dans le même sentiment que celui de *Salers* que j'offre aujourd'hui au public, « nos montagnes sont assez belles pour qu'on n'ait pas besoin de souffler par avance aux voyageurs le sujet et la formule de leur admiration » (2).

Je n'en dirai donc pas davantage sur la richesse du décor que Salers présente aux regards de ses visiteurs.

---

(1) Le tableau de *Rosa Bonheur* représentant *La Fenaison en Auvergne*, a été peint dans la grande prairie de Mazerolles, à quelques kilomètres de Salers.

(2) *Œuvres Auvergnates, Vic-sur-Cère et ses environs*, par le Comte de Miramon-Fargues.

Cependant si le touriste est frappé par la beauté des divers tableaux qu'il aperçoit de tous côtés dans cette ville, si l'artiste rêve de fixer sur la toile les jolis sujets qu'il découvre à chaque coin de place, à chaque tournant de rue, l'esprit du voyageur intelligent et curieux des choses d'autrefois est pour sa part envahi par le désir de savoir, au moins dans ses grandes lignes, un peu de l'histoire de ces vieux murs, de ces créneaux, de ces tours élégantes, dans lesquels semble palpiter encore l'âme du passé de la vieille cité.

Mais où trouvera-t-il cette histoire ? Interrogera-t-il les gens du pays, dans la rue, à l'hôtel ? Hélas ! Combien y a-t-il d'individus aujourd'hui, dans ce siècle de déplacements incessants des familles, qui soient à même de donner, non pas un renseignement précis, mais une indication vague, une date approximative, de citer un seul fait saillant, sur l'histoire du pays qu'ils habitent ?

Non ; pour connaître quelque chose du passé de Salers, le visiteur devrait fouiller dans les bibliothèques, consulter les ouvrages de ces érudits qui se nomment *de Ribier du Chatelet, Delalo, Marcellin Boudet, de Rochemonteix, de Sartiges d'Angle, Chassan*, etc. Or, combien sont-ils parmi les touristes qui roulent en chemin de fer, pédalent à bicyclette ou chauffent leur auto, combien sont-ils qui ont le temps, ou le goût, d'aller bouquiner dans les vieux livres, pour extraire d'études trop touffues ou de trop savants articles, les grandes lignes de l'histoire du pays qu'ils parcourent ?

Pour ceux-là, il faut un petit ouvrage de vulgarisation, facile à lire, sans prétention d'érudition, donnant simplement, — tout en ayant le souci de la documentation précise chère à notre époque, — les choses essentielles capables de satisfaire et peut-être d'aiguiser la curiosité du touriste.

Ce petit ouvrage manque pour Salers. Et maintenant que de puissants autobus et d'élégantes automobiles, remplaçant les misérables *locatis* d'antan, facilitent à de nombreux voyageurs l'excursion jadis assez compliquée de cette curieuse ville et peuvent en décupler le nombre ; maintenant qu'à Paris, *les Enfants de Salers* se sont constitués en une vaste et prospère association destinée à entretenir et aviver dans le cœur de ses membres l'amour de la petite patrie, je voudrais, en écrivant les pages qui vont suivre, combler la lacune que je viens de signaler.

Descendant par ma grand'mère maternelle d'une des plus anciennes familles de Salers, et habitant moi-même aux portes de cette vieille cité à laquelle me rattachent tant de si précieux souvenirs, je suis incité par le culte qu'elle m'inspire à publier son histoire. Je voudrais propager son renom, en vantant le charme indéfinissable qui se dégage de cette architecture séculaire si bien respectée par le temps et non truquée encore par les fabricants de vieux neuf.

Certes, je ne prétends pas apporter dans cette brochure la découverte de nombreux faits historiques inconnus jusqu'à ce jour des érudits ; presque tous ceux que je citerai, seront empruntés aux écrivains éminents, — gloires de l'érudition cantalienne, — que j'ai énumérés plus haut. Selon la jolie expression de Montaigne, mes pages seront « *Gerbes de Fleurs estrangières dont je n'ay fourni que le filet pour les lier* ».

Je m'estimerai satisfait, si en nouant ce filet que je vais essayer d'enrubanner de mon mieux, j'ai contribué, selon la parole d'un autre ancien « *à rendre mon pays le plus honoré et le plus renommé qu'il est possible* ». (1)

---

(1) Honoré d'Urfé. Roman de l'Astrée.

HISTOIRE & DESCRIPTION

DE LA

VILLE DE SALERS

o o o

Plusieurs choses, à Salers, méritent de retenir, d'une façon plus spéciale, l'attention du visiteur : *l'emplacement de l'ancien château féodal, les fortifications, l'église, l'histoire de la ville et de l'ancien bailliage, la place, un certain nombre de vieilles maisons dans diverses rues de la ville, l'esplanade de Barouze, Notre-Dame-de-Lorette, l'hospice.*

Sur chacun de ces sujets, je vais tâcher d'indiquer les détails les plus saillants.

Il me paraît aussi intéressant d'y ajouter quelques mots sur un certain nombre d'*hommes marquants* dont la naissance a illustré Salers ; j'en donnerai une courte biographie à la fin de cette brochure.

◻ ◻ ◻

LES SEIGNEURS DE SALERS ET L'ANCIEN CHATEAU FÉODAL

Le visiteur de Salers qui arrive par la route de Mauriac ou par celle de Pleaux, passe, avant d'entrer dans la ville, sous un mamelon basaltique entouré de murs de tous côtés.

C'est là que se dressait LE CHATEAU DES BARONS DE SALERS, faisant face à la vieille cité construite à peu de distance, sur un mamelon de même nature et d'égale hauteur, mais de plus d'étendue. Le faubourg, bâti en contre-bas, séparait le château de la ville.

Il ne reste plus aujourd'hui aucun vestige de la demeure des anciens seigneurs de Salers, car elle fut entièrement rasée en 1666, par ordre de justice, ainsi que je le dirai dans un moment.

Son origine se confondait avec celle de la féodalité. Les Barons de Salers étaient, dit-on, originaires d'Italie et de la ville de Salerne, au royaume de Naples. La chose est fort discutable, tout à fait problématique. Ce qui a donné naissance à cette opinion, c'est que *Salers* s'écrivait autrefois *Salern*, et que Saint Mathieu, patron de *Salerne*, l'est aussi de *Salers*.

Le premier seigneur de cette famille dont l'histoire nous a conservé le nom est PIERRE DE SALERS, qui, en 1095, s'engagea envers Guillaume, évêque de Clermont, à partir pour la première Croisade.

Un siècle et demi plus tard, HELME DE SALERS prit part, en 1250, à la septième Croisade organisée par Saint Louis et fut fait prisonnier avec son illustre souverain à la bataille de Mansourah. Ce fut ce même Helme de Salers, qui, retour d'Orient, en 1268, reconnut tenir en fief son château et toutes les possessions en dépendant, entre les rivières de Maronne et d'Auze, d'Alphonse de Poitiers, frère du roi et seigneur du duché d'Auvergne.

Au milieu du XIVe siècle, AYMERIC DE PESTELS, seigneur de Merle (1) et de Branzac (2), devint *coseigneur de Salers*, par suite d'acquisition. Pendant plus de quatre siècles, c'est-à-dire jusqu'à la veille de la Révolution, on vit ainsi la seigneurie de Salers indivise entre les *barons de Salers* et les *marquis de Pestels*. Cette indivision, on le devine, n'alla pas sans entraîner bien des rivalités et des

---

(1) *Merle*, château près d'Argentat (Corrèze), aujourd'hui en ruines.

(2) *Branzac*, château près de Loupiac (Cantal), aujourd'hui en ruines.

luttes entre les deux familles. Mais en fin de compte, la prééminence fut toujours reconnue à la maison de Salers. Chabrol nous dit à ce sujet, dans ses *Coutumes d'Auvergne*, que le 27 avril 1683, un arrêt de justice reconnut aux *Salers* les droits honorifiques dans l'église paroissiale, par préférence aux *Pestels*, attendu que les premiers représentaient « l'aîné de la maison » (1).

Si l'histoire a enregistré des pages brillantes à l'actif de la maison de Salers, elle en conserve une en revanche bien honteuse et qu'on ne saurait passer sous silence.

Tous mes lecteurs savent, qu'en 1665, Louis XIV voulant mettre fin aux actes d'odieuse tyrannie que se permettaient encore certains grands seigneurs de la province d'Auvergne, insuffisamment matés par la main de fer du cardinal Richelieu, institua à Clermont une sorte de haute cour criminelle chargée de punir sévèrement les forfaits commis par ces seigneurs. Ce furent les GRANDS-JOURS D'AUVERGNE.

Or, parmi les personnages qui avaient, non pas une peccadille sur la conscience, mais un crime véritable, se trouvait le baron Henri de Salers. Fléchier, dans son livre sur les *Grands-Jours d'Auvergne*, a narré tout au long cette affaire (2). La voici en deux mots :

Le Baron de Salers avait un ennemi duquel, au dire de l'écrivain que je viens de citer, « il pouvait se plaindre avec justice ». Malheureusement, se croyant encore à l'époque où les seigneurs féodaux étaient maîtres souverains chez eux, il crut pouvoir se faire justice lui-même, et se jugea autorisé à punir, comme il l'entendait, Antoine de Servières (c'était le nom de son ennemi), des torts qu'il avait à lui reprocher. Aidé de quelques amis ou servi-

---

(1) Chabrol. *Cout. d'Auv.* T. IV, p. 723.

(2) Le *baron de Salers* est quelquefois qualifié du titre de *marquis*, notamment par Fléchier. En réalité, le seigneur de Salers était *baron*, titre, qui dans la hiérarchie féodale, était plus ancien et plus élevé que celui de *marquis*.

teurs, il l'attaqua dans la rue, le poursuivit, mit le siège devant sa maison où il s'était enfermé, en défonça la toiture pour y pénétrer et fit mettre le malheureux à mort. Puis, il se retira, dit Fléchier, « avec un peu de satisfaction de s'être vengé et beaucoup de remords d'avoir commis un crime ».

Au premier bruit de la réunion des *Grands Jours d'Auvergne*, le Baron de Salers, comprenant qu'il allait être cité devant des magistrats auxquels le Grand Roi avait recommandé toute autre chose que la douceur, s'empressa de se sauver. Et bien lui en prit. Les *Grands-Jours*, en effet, n'hésitèrent pas à le condamner par contumace à avoir le col coupé, à une forte amende et au rasement de son château. L'arrêt de condamnation ordonnait en outre la destruction des arbres de l'avenue du château qui devaient être coupés à trois pieds du sol, une réparation pécuniaire au profit de la mère de la victime et la confiscation de tous les biens du coupable.

On le voit, les magistrats de Louis XIV ne plaisantaient pas. Ce monarque, d'ailleurs, avait été si heureusement inspiré en faisant tenir en Auvergne les Assises solennelles destinées à mettre fin aux actes arbitraires des derniers seigneurs féodaux, qu'un écrivain a pu dire : « *Ce fut ce Roi, qui, par sa fermeté, a délivré nos peres de l'oppression, et par le fait, a préparé le règne de la Justice et de la Liberté pour le peuple* (1). »

Soyons justes cependant. Il semble bien que le crime du Baron de Salers ait été un cas isolé dans les rangs de la noblesse du Haut-Pays; car, un siècle après, nous voyons cette noblesse jouir aux yeux du peuple de la même contrée d'une estime qui ne pouvait être justifiée que par une tenue générale digne d'éloges. Voici, en effet, ce qu'on lit dans le *Cahier commun des doléances du bailliage de Salers*, rédigé à la veille de la Révolution : « Le Tiers-Etat du bailliage de Salers demande que les impôts

(1) M. Gonod. *Préface des Grands Jours d'Auvergne.*

de toute espèce soient payés dans une proportion égale par les citoyens de tous les Ordres, sans aucun privilège ni exemption. Il ne désire pas moins que la Nation assemblée veuille bien s'occuper de soulager cette partie de la Noblesse qui cultive elle-même ses terres, et qui, souvent, après avoir supporté les fatigues de la guerre, après avoir servi le Roi dans les armées, vient encore servir l'Etat, en donnant l'exemple d'une vie simple et laborieuse, et en honorant par ses occupations les travaux de l'Agriculture... »

Le Baron de Salers, je l'ai dit, sauva sa tête par la fuite. Mais pour le reste, l'arrêt des Grands-Jours reçut son entière exécution. Cet arrêt avait été rendu le 21 janvier 1666. Un document de l'époque nous apprend que douze jours après, le 3 février, on commençait à le démolir, « *et on demeura à le démolir environ 15 jours,* dit ce document; *il y avait des manœuvres environ une trentaine* » (1). Non seulement le château fut démoli, mais aussi les dépendances furent rasées, les arbres de l'avenue furent coupés, et la justice seigneuriale réunie à celle du bailliage de la ville qui dépendait du Roi. Quant à la baronnie de Salers, elle fut vendue avec sa *terre* et adjugée à ANNET DE SCORAILLES, SEIGNEUR DE MAZEROLLES (2), moyennant le prix de 70.000 livres. Annet de Scorailles fit, dès 1668, une tentative pour reconstruire les écuries du château, prétextant que l'arrêt des Grands-Jours ordonnant le rasement du château, n'avait pas spécifié celui des écuries. Il en fut empêché par un procès que lui intentèrent à ce sujet, devant la sénéchaussée de Riom, les officiers du bailliage de Salers, MM. de la Ronade, Sauvage et de Mathieu (3).

(1) *Arch. dép. P. d. D.* Fonds de Ribier-Sartiges, L. 48.

(2) *Mazerolles,* château situé dans la commune de Salins, arrondissement de Mauriac. Il appartient aujourd'hui à Madame la Marquise de Cosnac.

(3) *Arch. dép. P. d. D.* Fonds de Ribier-Sartiges. L. 56.

Il est probable, mais ce n'est pas une certitude, que dès son acquisition, le nouveau Baron de Salers, Annet de Scorailles, eut une résidence à Salers dans la maison située sur la place, à l'endroit où s'élève actuellement un bâtiment de construction récente qui appartient à la ville et sert de poids public (1).

Les SCORAILLES-SALERS formaient, au commencement du XVIII° siècle, une brillante famille d'épée. « Ils étaient alors cinq vigoureux garçons, fils d'un vaillant soldat, François de Scorailles, qui s'était distingué dans la tranchée, sous les yeux du Roi, aux sièges de Gand et d'Ypres. Tous les cinq, à l'exemple de leurs ancêtres, suivaient la carrière des armes : l'aîné, dit le Baron de Salers, capitaine dans la Mothe-Houdancourt, gouvernait pour le Roi le château de Crèvecœur (2); le second était capitaine dans le régiment de Saillant; le troisième, lieutenant dans le régiment d'Auxerrois; le quatrième, connu sous le nom de Chevalier de Milliard, était cornette dans le régiment de Cheylar; le cinquième occupait la même place dans Orléans-dragons; c'était le benjamin de la famille, on l'appelait « le chevalier » tout simplement (3). »

Ce furent ces *Scorailles-Salers* qui eurent pendant de longues années, au XVIII° siècle, avec les *de la Ronade*, importante famille de magistrats du bailliage, d'interminables démêlés, que M. Bernard de Miramon-Fargues a fort spirituellement contés sous ce titre : *Une querelle de gens de robe et d'épée au* XVIII° *siècle* (4).

La seigneurie de Salers consistait seulement, au XVIII° siècle, en rentes ou droits féodaux; elle s'éteignit donc avec ces différents droits en 1789. A cette

---

(1) Cette maison — ou plutôt celle qu'elle a remplacée — portait encore au siècle dernier le nom de « château ».

(2) *Crèvecœur*, ancienne châtellenie royale, près Saint-Martin-Valmeroux, en ruines.

(3) M. B. de Miramon-Fargues. *OEuvres auvergnates*.

(4) id.

époque, la baronnie de Salers appartenait à *Marie-Françoise de Scorailles, comtesse de Naucaze* (1), qui mourut sans postérité en 1820.

Quant aux droits de coseigneurie des *Pestels*, dont j'ai parlé plus haut, ils étaient passés successivement, depuis le xvie siècle, aux de Caylus, aux de Lignerac, et enfin, par acte du 28 juillet 1776, à M. *Paul d'Anglards de Bassignac*, sur la tête duquel ils s'éteignirent, comme ceux de Marie-Françoise de Scorailles, au moment de la Révolution (2).

☐ ☐ ☐

Après cet exposé sommaire sur les anciens seigneurs de Salers, il est temps de donner quelques indications sur le château qu'ils habitèrent jusqu'en 1666, époque à laquelle il fut rasé en exécution de l'Ordonnance des *Grands-Jours*.

Il ne reste, je l'ai déjà dit, aucun vestige de cet ancien « nid d'aigle », tant fut strictement exécuté l'arrêt en question. Il en est de même à Carlat, où la forteresse colossale bâtie sur le rocher de ce nom, fut si complètement détruite, en 1602, par ordre d'Henri IV, que le visiteur a de la peine à découvrir de loin en loin quelques traces de fondements (3).

Malgré toutes mes recherches, je n'ai pu trouver aucun tableau, aucune gravure représentant le château féodal des barons de Salers. D'après une tradition que je donne pour ce qu'elle vaut, un dessin de ce château existerait sur l'une des tapisseries qui se

---

(1) *Naucaze*, château près Maurs (Cantal), aujourd'hui en ruines.

(2) *Généalogie de la maison d'Anglards*, par le Dr de Ribier, p. 35.

(3) *Carlat*, arrondissement d'Aurillac.

trouvent au presbytère d'Anglards-de-Salers (1). Mais un dessin de tapisserie est vraiment par trop fantaisiste pour nous renseigner d'une façon satisfaisante.

Si donc, à l'heure actuelle, nous voulons avoir une idée un peu exacte de ce qu'était le château de Salers, nous n'avons d'autre document précis à consulter qu'un inventaire qui fut dressé en 1663, lors d'une procédure faite contre le seigneur habitant le château à cette date. C'est à l'érudit très regretté M. Chassan, que revient l'honneur de la découverte de cette pièce qu'il a publiée dans la *Revue de la Haute-Auvergne,* en 1908, en la faisant suivre de l'intéressant commentaire que voici :

« D'après cet inventaire, le château de Salers devait consister en un corps de logis rectangulaire, avec deux tours flanquant probablement les deux angles de la façade, sur laquelle se trouvait l'entrée défendue par un pont-levis. Il comprenait : un rez-de-chaussée où étaient la cuisine, la cave et aussi sans doute la prison; un premier étage composé d'une grande salle; de la chambre Saint-Aulaire, ainsi nommée depuis le mariage, en 1539, de dame Louise de Beaupoil Saint-Aulaire avec François Ier, baron de Salers; de la chambre au-dessus du pont-levis et d'une chambre dans l'une des deux tours, tandis que l'autre contenait l'escalier. Au-dessus était le grenier, d'où on accédait aux créneaux. En somme, le « nid d'aigle » des antiques barons de Salers était plus important par son assiette, sa situation isolée et dominante, que par l'ampleur de sa construction. Seulement, il y avait du canon! Deux

---

(1) Les tapisseries qui sont dans le presbytère d'Anglards-de-Salers appartiennent à la commune de ce nom et sont classées depuis 1910. Elles viennent sans doute de l'ancien château de *Montclar* qui était tout voisin. Le presbytère est l'ancien château de *Latrémolière* qui, au XVIIIe siècle appartenait aux *Montclar*.

fauconneaulx en pontin, dit l'inventaire, l'un d'iceulx étant crevé, et un pétard en fer » (1).

Cette description ne fait pas mention d'une tour dite *Calvinet*. M. Delalo affirme pourtant, dans sa remarquable étude sur *Salers* (2), qu'au xvIIIe siècle il y avait encore au château de ce lieu une tour portant ce nom. Quelle était l'origine de l'appellation de cette tour? D'après mon éminent compatriote, M. Marcellin Boudet, lorsque Helme de Salers revint de la croisade en 1250, où il avait accompagné Saint Louis, il trouva son beau-frère Déodat de Vigouroux, seigneur de Calvinet, en possession du château de Salers et de tout l'héritage de la maison. On se querella, puis on composa, et Déodat retint la moitié du château dans laquelle se trouvait sans doute une tour à laquelle il donna le nom de *tour de Calvinet* (3).

Le château avait autour de lui des dépendances, écuries, granges, cours, le tout clos par un mur d'enceinte bâti sur le basalte et dont on voit encore des restes importants. C'était dans ces dépendances que les habitants de Salers jadis venaient se *retraire*, lorsqu'ils étaient menacés par l'ennemi, comme cela arriva fréquemment aux xIVe et xVe siècles, lors des invasions des Anglais et des incursions des routiers. Les Salernois trouvaient dans le château, à la défense duquel, d'ailleurs, ils étaient obligés de participer, aide et protection; ils s'y enfermaient pour cela, en y introduisant avec eux ce qu'ils possédaient de plus précieux.

Actuellement, les visiteurs qui ont la curiosité de se faire ouvrir la lourde porte qui donne accès à l'éminence basaltique sur laquelle était bâti le château, n'aperçoivent plus qu'une vaste enceinte circulaire, découronnée, close d'épaisses murailles, large de cent mètres environ de diamètre, et sur laquelle

---

(1) A. Chassan. *Rev. de la Haute-Auvergne*, 1908, 2e fasc.
(2) *Dict. Stat. du Cantal*. V° Salers.
(3) Marcellin Boudet, *Eustache de Beaumarchais*, p. 2.

croît un gazon épais. De cette peu banale terrasse qui domine la ville de Salers et offre sur le côté nord de cette vieille cité le plus pittoresque point de vue, l'esprit se reporte aux temps où le château féodal complétait le tableau en dressant ses tours et son pont-levis au-dessus de ce rocher aujourd'hui dénudé. Quel thème à rêverie, quel spectacle évocateur d'archaïques résurrections! Les souvenirs historiques et l'imagination brodant là-dessus fournissent aux touristes curieux du passé ou amateurs d'antiques légendes, un sujet que l'on ne saurait trop recommander à ceux qui viennent visiter l'Auvergne.

Disons pour terminer ce sujet que les armoiries des barons de Salers étaient : *D'or, à la tour d'azur, avec un avant-mur crénelé de quatre pièces, ajourée de sable.*

Armoirie des Seigneurs de Salers

LES FORTIFICATIONS

Si le visiteur ne voit plus à Salers, — et pour cause, — trace de château féodal, par contre ses yeux sont frappés, en approchant de la vieille cité, par le décor des importants restes des fortifications qui l'entouraient.

Ces fortifications séparaient complètement le château de la ville. Elles n'entouraient pas toute l'agglomération actuelle de Salers; elles laissaient en dehors l'église et toute la partie appelée faubourg, qui est à droite de la rue allant de l'église à la tour de l'horloge.

De quelle époque datent ces fortifications?

Si quelques détails sur cette question peuvent intéresser mes lecteurs, voici la substance de ce qu'il faut savoir :

La ville de Salers fut longtemps sans être fortifiée. Aussi, pendant la guerre de Cent ans, eut-elle souvent à souffrir de l'incursion des Anglais et des routiers. Vers la Toussaint de l'an 1357, par exemple, Salers fut rançonnée par une bande d'Anglais qui s'emparèrent d'une certaine quantité de bétail que les habitants retirés dans l'enceinte du château féodal n'avaient pas eu le temps de « retraire » avec eux. Ces bons Anglais, quoique doués d'un fort bon appétit, n'étant pourtant pas assez nombreux pour consommer tous les beafsteacks des bestiaux qu'ils avaient capturés, trouvèrent une solution élégante à ce petit problème : ils se firent tout bonnement racheter ces pauvres bêtes, par leurs propriétaires, moyennant un prix... honnête.

De semblables opérations se renouvelèrent plusieurs fois, au grand désespoir des habitants de Salers, à la fin du XIV° siècle et au commencement du XV°.

En 1427, notamment, l'arrondissement de Mauriac ayant été envahi par une importante bande de routiers de profession à la solde du capitaine Rodrigue de Villandrando, Salers ne tarda pas à être assiégée par ces peu intéressants personnages. Ils s'emparèrent de la ville qu'ils occupèrent pendant vingt et un jours. « Dépourvus d'artillerie, raconte M. Marcellin Boudet (1), ils ne purent pousser à fond le siège du château et se contentèrent de le mettre à rançon, ainsi que les habitants de la ville. De ce lieu, devenu leur quartier général, ils rayonnèrent dans tout le pays. A Anglards-de-Salers, ils commirent des atrocités. A leur approche, les habitants s'étaient réfugiés dans leur église où ils s'enfermèrent, troupeau tremblant. Les routiers y mirent le feu et massacrèrent les malheureux à mesure qu'ils sortaient. Ils prirent trois prêtres qu'ils pendirent devant l'église. Le feu était si intense qu'il fondit les cloches. Ils incendièrent plusieurs autres villages avec leurs églises. Les habitants se sauvèrent dans les bois. Alors les routiers s'offrirent la distraction de la chasse à l'homme et ils les chassèrent comme « bestes sauvages ».

Après vingt et un jours de « distractions » de ce genre, les Rodriguais partirent, laissant la ville de Salers en fort piteux état, comme on peut le croire.

L'année suivante, 1428, sous Charles VII le petit roi de Bourges, « il y avait grand'pitié au royaume de France ». Les Anglais étaient non loin de Salers; ils occupaient plusieurs châteaux-forts du centre de la France et notamment *Castelnau* en Quercy, *Rilhac* en Limousin, *Thenon* en Périgord. N'allaient-ils pas, une fois de plus, venir rançonner la vieille cité, reine des montagnes de la Haute-Auvergne, déjà si renommée pour ses gras pâturages et ses bons bestiaux? Les habitants de Salers effrayés,

---

(1) *St-Flour pendant la révolte des Armagnacs.* par M. Boudet. (V Rev. de la Hte-Auv. 10ᵉ année, p. 33).

vivant encore sous l'hallucination du pillage et des atrocités des Rodriguais, ne voyaient qu'un moyen de conjurer le péril : entourer la ville de solides fortifications. Mais pour ce faire, il fallait obtenir l'autorisation de Charles de Bourbon, duc d'Auvergne.

Ils adressèrent donc à ce prince une belle requête, dans laquelle ils exposaient « *que le lieu de Salern est bien peuplé de gens, fréquenté de merchans, assis en païs fertile et fructueux, bien disposé et propice à faire cloison et fortification en forme de ville fermée* ».

Le Duc d'Auvergne répondit en ordonnant à son Sénéchal, Jehan de Langeac, de se rendre à Salers pour y ouvrir une enquête auprès des seigneurs et gens notoires de toute la contrée.

Tous les personnages consultés ayant déclaré « *qu'il serait convenable, utile et prouffitable au pays des montagnes d'Auvergne que ledit lieu de Salern fût fortifié* », le Sénéchal ordonna, le 25 novembre 1428, qu'il en serait ainsi, et que tous les habitants contribueraient, en proportion de leurs moyens, à édifier les remparts et portes de la ville.

On se mit immédiatement à l'œuvre. Mais on avait compté sans l'agrément du Baron de Salers, qui, dès les premiers jours, arrêta les travaux. Ce seigneur voyait, en effet, d'un mauvais œil, que les Salernois voulussent avoir pour leur protection d'autres fortifications que celles de son château féodal. C'était là, disait-il, un fait de *lèse-seigneurie*, contraire aux règles du système féodal et aux droits de haute, moyenne et basse justice qu'il avait sur les habitants de la ville de Salers. Ceux-ci, d'après lui, étaient mal fondés à réclamer des remparts pour se mettre à l'abri des invasions ennemies, puisqu'en cas de danger, ils avaient le *droit* et le *devoir* de se « retraire » dans le château pour y trouver protection, et aussi pour concourir à sa défense.

Le Baron de Salers s'adressa donc au Roi pour obtenir la suspension du travail commencé. Le

Souverain, après intervention du duc d'Auvergne, ordonna que le Parlement serait saisi du litige; mais qu'en attendant sa solution, vu le danger que courait la ville de Salers par suite de son manque de clôture, les fortifications seraient continuées, à charge par les habitants de donner caution de démolir leur ouvrage, si en fin de compte le Parlement se prononçait contre eux.

Je n'imposerai pas à mes lecteurs tous les détails interminables de la procédure d'enquête et de contre-enquête qu'entraîna cette importante affaire. Il suffit de savoir qu'en définitive, le seigneur de Salers ne put parvenir à obtenir un arrêt ordonnant la démolition des travaux commencés. Ceux-ci furent poussés pendant de longues années, conformément aux règles de l'art de la défense des places, et suivant un plan tracé par le maréchal de La Fayette et le sénéchal de Langeac.

Porte de la Martille

Plusieurs portes furent ménagées pour l'accès de la ville : une sous la *tour du beffroy* ou *tour de l'horloge, qui subsiste encore* et qui est un des plus intéressants morceaux d'architecture de Salers; une autre sous la *tour de la Martille*, qui, avec moins de détails que la précédente, reste toujours debout dans son intégrité première, et a bénéficié l'an dernier d'heureuses réparations d'entretien dont il convient de féliciter la Municipalité qui en prit l'initiative.

Deux autres portes avaient été édifiées, l'une à l'arrivée de Saint-Paul et Fontanges, l'autre du côté de Barouze; elles ont entièrement disparu.

« Pendant près d'un demi-siècle, a écrit M. Delalo (1), la clôture et les fortifications de la ville furent la grande affaire des bourgeois de Salers. Puissamment aidés par les ducs de Bourbon et d'Auvergne, ils n'épargnèrent pas les sacrifices personnels... Chaque habitant devait faire autant de toises de mur qu'il avait de toises de terrain dans la ville; chacun se dévoua à la cause publique; il s'agissait, en effet, d'un immense intérêt. Ceux qui avaient été exposés aux courses des Anglais et des routiers, au logement des gens d'armes qui ne les traitaient pas mieux, escomptaient l'énorme avantage d'habiter une ville close et de pouvoir placer à l'abri de fortes murailles leurs personnes, leurs richesses, l'honneur de leurs femmes et de leurs filles. »

Ces murailles servirent-elles à protéger Salers contre les invasions ennemies?

Notre grand poète Vermenouze a dit :

En vain les Huguenots et les Anglais félons,
Sous Barouze ont jadis sonné maints boute-selle;
Cette aire d'aigle peut s'appeler la Pucelle
Car nul n'a jamais mis la main sur ses aiglons.

Cette dernière affirmation est-elle bien exacte?
Que les Anglais ne se soient jamais emparé de Salers *fortifiée*, c'est l'évidence même, puisque les fortifications ne furent terminées qu'après la fin de la guerre de Cent ans, et par conséquent après l'évacuation de la France par les Anglais. Mais ils y étaient entrés avant, au XIVe siècle, ainsi que je l'ai raconté plus haut. Cependant, comme ils n'avaient pu s'emparer du château dans lequel les habitants de Salers s'étaient « retraits », on peut dire que

---

(1) *Dict. Stat. du Cantal*, V° Salers, p. 202.

l'élogieuse appellation de « pucelle » donnée à Salers par Vermenouze est méritée, même en ce qui concerne les Anglais.

Mais les fortifications jouèrent un rôle important au XVIe siècle, lors des guerres de religion, et protégèrent plusieurs fois Salers contre les tentatives d'invasion des Huguenots et des Ligueurs. Au dire, en effet, de *Jean de Vernyes* dont je vous retracerai plus loin la biographie, « la ville de Salers a été plus enviée que ville de Haute-Auvergne, et par les Ligueurs et par les Huguenots. On l'appelle la ville *pucelle*, parce qu'elle n'a jamais été prise ni des uns ni des autres. Jamais huguenot n'a été offensé en icelle ».

Le siège le plus célèbre de cette place par les *Réformés*, eut lieu le 1er février 1586. En voici la narration faite par M. Delalo, d'après le *livre des archives de la ville* (1) : « Quoique les tentatives des Réformés pour se rendre maîtres de Salers n'eussent pas réussi, ils n'avaient pas renoncé à s'emparer de cette place. Le 1er février, à 4 heures du matin, ils escaladèrent le mur près de la tour de Barouze. Quatorze d'entre eux s'introduisirent dans la ville, un combat acharné s'engagea entre les habitants et les Huguenots. Ces derniers rompirent le corps de garde. Ils tenaient le tiers de la ville, Barouze et la Charreyrade, jusqu'à la porte de la Martille; ils criaient déjà *ville gagnée*, la trompette annonçait la victoire, lorsque les habitants, faisant un dernier effort, repoussent les ennemis et les obligent à se précipiter du haut des murs en abandonnant leurs armes.

« Le combat dura jusqu'à 9 heures du matin. Cinq des principaux habitants furent tués, savoir : *Un fils de M. de Bargues, les fils des sires de Valens et de Guinod d'Aspe, un couturier nommé Jacques Jarrige, et sire Antoine Mossier, deuxième consul.* Outre lesdits tués, il y eut 17 habitants de la ville

---

(1) Ce livre est actuellement aux Archives départementales d'Aurillac.

blessés, parmi lesquels M. Jehan Dolivier, premier consul l'année précédente; le procureur du Roy, Jehan Broquin; Antoine Laporte, fils du premier consul; messire Philippe de Bénavent, prêtre, *etc., etc.* Tout cela arriva un samedy au point du jour et tout le matin, n'y ayant que deux chirurgiens pour tant de blessés. C'était de la pitié et de la joie tout ensemble de voir, par le sang qui sortait des plaies desdits blessés, la ville préservée. »

Il est à remarquer que, dans ce combat, tous les habitants de Salers concoururent à la défense de la cité, sans distinction de caste; nous voyons en effet, dans la liste de ceux qui versèrent leur sang ce jour-là, des nobles et des roturiers, un prêtre et des consuls. Nous savons, d'ailleurs, qu'à toutes les époques de l'histoire, les Français ont su donner ce bel exemple de solidarité sociale, et à l'occasion les Français d'aujourd'hui sauraient certainement le donner encore avec autant de générosité que par le passé.

Le siège de 1586 ne fut pas le seul, — s'il fut le plus sanglant, — que Salers eut à soutenir pendant les guerres de religion. En 1587 et 1589, les fortifications servirent deux fois encore à protéger la ville contre les entreprises des Huguenots et des Ligueurs. Là devait finir leur rôle.

Depuis cette époque, les murs de Salers écrêtés, lézardés, effrités, couverts de lichens, dorés par la patine du temps, se sont cependant maintenus dans leur ensemble, mieux que ceux de la plupart des villes ayant jadis joué un rôle semblable, intéressant tableau pour les yeux du touriste, vivante page d'histoire pour l'esprit des gens curieux du passé.

Qu'on me permette ici l'expression d'un vœu. Il s'adresse à la Municipalité de Salers et part du fond du cœur d'un fervent admirateur de la vieille petite cité. Mon vœu consiste à prier cette Municipalité de faire chaque année quelques efforts, quelques sacrifices, pour la conservation de l'admirable décor qui rappelle si merveilleusement l'histoire des ancêtres, et qui, seul, en attirant les visiteurs, est capable d'empêcher Salers de jamais mourir. Certes, je le sais, le budget de la ville est trop maigre pour qu'on y puisse trouver chaque année les sommes considérables que demanderait l'entretien complet des portes et des fortifications dont je parle. Mais il faut faire quelque chose cependant. Il faut tâcher d'intéresser à cette œuvre les Syndicats d'Initiative, le Touring-Club, les Sociétés archéologiques, l'administration des Beaux-Arts et celle des Monuments historiques. Il faut en tout cas ne pas rester les bras croisés, sous peine de voir disparaître, dans un avenir plus ou moins rapproché, ces pages encore si vivantes, si colorées, si chaudement enluminées, qui, charme pour les yeux, régal pour l'esprit, content si agréablement l'histoire du Haut-Pays d'Auvergne.

◻ ◻ ◻

LES « PRIVILÈGES » DE LA VILLE DE SALERS ET LE BAILLIAGE DES HAUTES MONTAGNES D'AUVERGNE

Des documents d'archives établissent que déjà, en 1250, Salers formait une localité importante (1). A cette époque, le régime de la féodalité battait son plein; aussi les habitants n'avaient-ils pas le droit de s'assembler pour délibérer sur leurs intérêts communs ni de nommer des administrateurs municipaux, sans l'autorisation du seigneur de Salers.

Cela n'empêcha pourtant pas la ville de progresser, car ainsi que je l'ai dit plus haut, lorsqu'en 1428 les habitants de Salers adressèrent requête au duc de Bourbonnais et d'Auvergne pour obtenir le droit de fortifier leur ville, ils exposaient « *que le lieu de Salern est bien peuplé de gens, fréquenté de merchans, assis en païs fertile et fructueux, etc.* ».

Le succès que les habitants de Salers obtinrent dans cette circonstance contre leur suzerain féodal, n'était qu'un premier pas dans la voie des franchises municipales. Le 7 avril 1508, ils en firent un plus décisif encore. Un traité conclu entre messire Charles, seigneur de Salers, et les luminiers, bourgeois, marchands et habitants de la ville, reconnaît à ceux-ci le droit de s'assembler désormais sans l'autorisation du seigneur, et déclare que les habitants de Salers sont francs et libres, non taillables ni guestables, « sauf que si aucun se retirait au château du dit seigneur de Salers en temps de éminent péril, il fera le guet du dit château ».

---

(1) *Hist. des institutions de l'Auvergne*, par M. Rivière, T. I., p. 275.

Enfin, en avril 1509, Louis XII complète les privilèges municipaux de la ville de Salers en lui accordant le DROIT DE CONSULAT. Les lettres patentes de ce Roi autorisent les Salernois, non seulement à se réunir chaque fois qu'ils le désireront pour discuter les intérêts de leur cité, mais encore à élire chaque année trois consuls qui auront charge d'administrer la chose commune.

Nous possédons la liste des consuls qui, à partir de cette époque, ont été appelés à gérer les affaires de Salers. Cette liste se trouve dans un très précieux document d'histoire locale, qui, fort heureusement, a été conservé intact jusqu'à ce jour : c'est *le livre des archives de la ville de Salers,* tenu par les consuls eux-mêmes depuis leur institution (1).

Dès le début du XVIe siècle, Salers fut donc en possession de franchises municipales complètes, et on comprend qu'il y ait eu là, pour elle, un incontestable élément de développement et de progrès.

o o o

Un autre élément encore plus important peut-être d'accroissement de fortune pour Salers, provint de l'établissement dans cette ville du BAILLIAGE DES HAUTES MONTAGNES D'AUVERGNE.

Ce fut un édit d'Henri II, du mois de mars 1550, confirmé par un arrêt du Conseil de 1564, qui concéda définitivement le siège de tribunal à Salers. Cet édit constatait « *que Salers est une bonne ville close, murée, principale et capitale de tout ledit bailliage, marchande et en laquelle il y a grande affluence de peuple de tous états, garnie d'advocats et praticiens y demeurant, où nos sujets peuvent aisément prendre conseil en leurs affaires, et où il y a logis et maisons, et lieu propice pour l'exercice de ladite juridiction* » (2).

(1) Ce livre a été transporté depuis quelques années, de la Mairie de Salers, aux Archives départementales d'Aurillac.
(2) *Manuscrit Crouzeix* n° 749, p. 279. Bibl. de Clermont-F.

Le siège du *bailliage des hautes montagnes d'Auvergne* avait été précédemment établi, d'abord à *Crèvecœur* (1), puis à *Saint-Martin-Valmeroux*, localité distante de Salers d'environ dix kilomètres, et cela depuis le règne de Philippe-le-Hardi (1270-1285). Ce fut en 1504 que les habitants de Salers demandèrent que le siège du bailliage fût transféré de Saint-Martin dans leur cité fortifiée. Cette requête adressée à la duchesse de Bourbonnais et d'Auvergne suscita naturellement de vives résistances de la part des habitants de Saint-Martin. La lutte devait durer près d'un demi-siècle. Soutenus par *M. de Pestels*, seigneur de Branzac (2), les Saint-Martinois parvinrent d'abord à faire échouer la demande de leurs rivaux; mais ceux-ci revinrent à la charge, et à la suite de démarches et d'intrigues trop longues à rapporter, finirent, en 1550, par gagner la victoire.

Voilà donc, à partir de cette date, Salers en possession d'un important tribunal qui ressortissait à la *Sénéchaussée de Riom*. Le nombre des officiers qui le composaient était de douze, sans compter le receveur des épices et des amendes et les officiers du greffe. Il y avait notamment : un *bailly d'épée*; un *lieutenant général civil*; un *lieutenant général criminel*; un *commissaire enquêteur et examinateur*; un *lieutenant particulier*; un *conseiller assesseur civil*; un *conseiller assesseur criminel*; un *advocat du Roy*; un *procureur du Roy*; un *substitut du procureur du Roy*; un *receveur des consignations* (3).

A cette époque les plaideurs affluent au bailliage de Salers, car on aime à plaider dans la montagne, et on est en plein dans l'ère de la chicane. C'est le temps où *Chicaneau* n'est satisfait que lorsqu'il a épuisé tous les moyens de procédure, — aussi

---

(1) *Crévecœur*, château en ruines, à 1 kilom. de St-Martin-Valmeroux.

(2) *Branzac*, château situé près de Loupiac, canton de Pleaux (Cantal), actuellement en ruines.

(3) *Arch. dép. P. d. D.* D. 7070.

coûteux soient-ils, — pour écraser son adversaire, ou se ruiner lui-même.

>................... *Je produis, je fournis*
> *De dits, de contredits, enquêtes, compulsoires,*
> *Rapports d'experts, transports, trois interlocutoires,*
> *Griefs et faits nouveaux, baux et procès-verbaux,*
> *Quatorze appointements, trente exploits, six instances,*
> *Six vingt productions, vingt arrêts de défenses,*
> *Arrêts enfin. Je perds ma cause avec dépens*
> *Estimés environ cinq à six mille francs.*
> *Est-ce là faire droit?.................................*

Ces vers des *Plaideurs* pourraient s'appliquer à plus d'une procédure engagée devant le bailliage de Salers durant la période qui nous occupe. Le *maquis* de notre procédure actuelle n'est qu'un maigre petit bois de parc comparativement à la vaste et sauvage forêt dans laquelle huissiers et procureurs des siècles qui ont précédé la Révolution prodiguaient légalement leurs « exploits ». Aussi, magistrats, notaires, procureurs, huissiers et autres officiers de justice ne tardèrent-ils pas à s'enrichir près le *bailliage des hautes montagnes d'Auvergne*. Certains, même, par la continuité des charges transmises de père en fils pendant plusieurs générations, virent au bout de deux siècles leur situation singulièrement grandie. Parmi eux, il faut citer les *La Ronade*, les *Tyssandier*, les *De Mathieu*, les *Lescurier*.

Cependant, au XVIIIe siècle, le bailliage de Salers n'avait déjà plus l'importance qu'il avait eue tout d'abord.

En effet, d'un mémoire, sans date, mais qui paraît être du commencement du XVIIIe siècle (1), il résulte que le nombre des officiers du bailliage de Salers est, à cette époque, réduit de douze à six, qui sont :

---

(1) *Arch. dép. P. de D.* c. 7.070.

Le Sʳ de La Ronade, qui cumule les charges de *lieutenant général civil et criminel* et de *commissaire enquêteur et examinateur;*

Le Sʳ Tyssandier, pourvu de la charge de *lieutenant particulier, assesseur civil et criminel;*

Le Sʳ Sauvage, pourvu de la charge de *conseiller;*

Le Sʳ Veyssière, pourvu de l'office d'*advocat du Roy;*

Le Sʳ de Mathieu, pourvu de la charge de *procureur du Roy;*

Un *greffier,* dont l'office appartient moitié au Roy et l'autre moitié aux sʳˢ de la Ronade, chevalier cy-devant maire et aux héritiers du sʳ Claux.

Il y avait en même temps quatre *procureurs;* c'étaient : *Mᵉ Pierre Gros, Mᵉ Antoine Sauvage, Mᵉ Joseph Sauvage* et *Mᵉ Martin Hébrard.* Enfin, quatre *huissiers* complétaient, au xvIIIᵉ siècle, le personnel d'affaires du tribunal dont je parle.

Mais la Révolution arrive. En 1790, *le baîlliage des hautes montagnes d'Auvergne* est supprimé et remplacé par le *tribunal de district de l'arrondissement.* Grand émoi alors à Salers! Ne va-t-on pas perdre le siège de ce tribunal, au profit de Mauriac, chef-lieu de la circonscription administrative? On se remue, on intrigue, on lutte, et on obtient que le siège du tribunal du district de Mauriac sera à Salers. Privilège éphémère, hélas! En l'an IV, les tribunaux de district ayant été à leur tour supprimés, Salers perdit cette fois définitivement le siège judiciaire qui, depuis plus de deux siècles, avait tant contribué à accroître sa prospérité. Mauriac, chef-lieu d'arrondissement, gagnait ce siège. Salers, depuis cette époque, en qualité de chef-lieu de canton, n'a plus qu'une simple justice de paix, insuffisante on le comprend, avec les rares plaideurs qu'elle attire une fois par semaine à sa barre, pour conserver à la vieille cité l'activité qui l'animait au temps du baîlliage.

Salers, aujourd'hui, ne vit que de souvenirs; et c'est bien là ce qui en fait pour le touriste, pour l'artiste, pour l'intellectuel, le charme attirant, le charme délicat qui se dégage de toutes les vieilles jolies choses!...

Les siècles guerroyeurs ont passé. De Barouze
L'œil n'embrasse que des pacages infinis
Et d'agrestes hameaux, cachés comme des nids,
Dans cette grandiose et riante pelouse.

Tout est calme; on entend la chanson des bergers.
La montagne sourit au ciel; et sur ses croupes,
Telles sur une houle immense des chaloupes,
Dorment les vieux burons dans l'herbe submergés.

Et la ville qui fait là-haut son geste épique,
Et qui rêve toujours d'assauts et de combats,
N'entend plus maintenant, très doux, venu d'en bas,
Qu'un lointain meuglement de bétail pacifique (1).

---

(1) *Vermenouze*. Mon Auvergne. Salers, p. 82.

L'ÉGLISE

Qu'on arrive à Salers, en venant du côté de Mauriac, de Pleaux ou de Fontanges, avant de pénétrer au cœur de la cité, on passe devant l'église.

Vaisseau gothique de belle allure, précédé d'un porche et d'un clocher romans, ce monument a le mérite, malgré de nombreuses restaurations, de s'harmoniser assez bien avec le cadre au milieu duquel on le voit.

— Eglise de Salers

La nef a été bâtie au XVIe siècle, sur les ruines d'une église primitive qui devait remonter au XIIe. La date de 1547 est inscrite sur l'une des clés de la voûte, autour de l'image de Saint Mathieu, patron de la paroisse.

Cette église fut consacrée le 7 septembre 1552, par Andréas Textier, suffragant de Guillaume Duprat, évêque de Clermont. Elle était originairement couverte en chaume, mais au bout de peu d'années, on la couvrit en tuiles, le Conseil de la ville ayant jugé que le chaume qui abritait le monument était un danger permanent d'incendie.

Le clocher, de style roman, a été successivement réédifié en 1620 et 1820. Il se compose de trois étages, et, malgré les critiques que lui adresse M. Delalo, qui trouve sa construction lourde et sans style (1), je me range de préférence à l'avis de M. de Rochemonteix, le distingué historien des églises romanes de la Haute-Auvergne, qui estime que cette partie du monument a fort grand air (2).

Le porche est la partie la plus ancienne de l'édifice, car c'est celui de l'église du XIIe siècle que l'on a très heureusement conservé. Il a été cependant restauré en 1887, par un enfant du pays fort habile sculpteur, M. Ribes, dont le travail a été apprécié dans les termes suivants par l'historien des églises romanes que je viens de citer plus haut : « Les parties délitées par les ans ont été reprises avec goût; les voussures primitives couronnant la porte, les tores, les méplats des archivoltes conservés. Ces derniers témoins nous paraissent irrécusables et marquent, sans conteste, le milieu du XIIe siècle environ. Tores et boudins, au cintre parfait, sont séparés par des méplats à vive arête et appuyés sur une frise à trois rangs de billettes. Disposées à leur aplomb, des colonnettes également séparées par de vives arêtes continuent la retombée. Ce dernier travail est œuvre de 1887, ainsi que l'arcature supérieure inscrivant toute la porte (3). »

Après avoir jeté un coup d'œil sur une intéressante *Pieta* ancienne, qui est à l'angle extérieur nord de l'église, entrons dans l'intérieur.

. ❑   ❑   ❑

La nef, haute et large, est d'un bel effet. La voûte en ogive est supportée par des piliers desquels s'élancent des nervures prismatiques. Elle est flan-

---

(1) *Salers*, par M. Delalo. *Dict. stat. du Cantal*, de M. Déribier.

(2) *Les églises romanes de la Hte-Auv.*, par M. de Rochemonteix, page 365.

(3) *Les églises romanes de la Hte-Auv.*, par M. de Rochemonteix, p. 365.

quée de chaque côté de trois chapelles éclairées de baies élégantes. Dans le fond, une abside à pans coupés reçoit le jour de cinq fenêtres. Malheureusement, ces ouvertures précédemment ornées de trèfles et de meneaux finement sculptés, ont été odieusement mutilées, au commencement du XIXe siècle, sous prétexte de donner plus de clarté à l'église. Meneaux et trèfles sont tombés sous les coups de marteau de vandales, trop fanatiques amateurs de lumière crue. La beauté architecturale du monument a ainsi perdu une de ses plus délicates parures.

Bien des choses sont à voir dans cette intéressante église : d'abord les TAPISSERIES qui ornent le pourtour du chœur. Elles sont au nombre de cinq.

Quelle en est la provenance?

Le livre de la ville de Salers porte qu'en l'année 1534, « le s[r] Béringon Chalvet a donné la garniture de la chapelle de tapisserie de Flandre, et a garny la chapelle les jours de Jeudy absolu et grand Vendredy (jeudi et vendredi saints), le ciel de taffetas à étoiles d'or... »

Sur la foi de cette note du livre consulaire, M. Delalo a écrit dans son article sur *Salers* : « Il est probable que les tapisseries de Flandre conservées dans la sacristie (*aujourd'hui dans le chœur*) sont celles qui avaient été données par Béringon Chalvet (1). »

M. de Rochemonteix reproduit cette opinion dans son ouvrage sur *les églises romanes de la Haute-Auvergne* (2).

Or, il y a là une erreur évidente. Nous ne pouvons douter, puisque le livre des consuls le dit, qu'en 1534, Béringon Chalvet ait donné à l'église de Salers des tapisseries de Flandre; mais il est également certain que ce ne sont pas celles que nous voyons actuellement dans cette église.

---

(1) *Dict. stat. du Cantal.* V° Salers, p. 189.
(2) *Les églises romanes de la Hte-Auv.*, p. 367.

Celles-ci, en effet, sont des tapisseries d'Aubusson et datent, non du XVIe, mais bien du XVIIe siècle.

Une preuve manifeste de ce que j'avance au sujet de la date, réside dans ce fait que tous ces panneaux portent le monogramme des membres de la Compagnie de Jésus, c'est-à-dire les lettres I. H. S (*Jesus Hominum Salvator*) avec une croix au-dessus, les trois clous de la Crucifixion au-dessous, le tout enfermé dans un cercle ovale autour duquel rayonnent des gloires (1).

Tapisserie

(Saint Ignace à l'autel)

En outre, l'un des panneaux, le premier à gauche, représente évidemment, étant donné le monogramme dont je viens de parler, trois Jésuites. Celui du milieu est certainement *St Ignace de Loyola*, en habits sacerdotaux et à l'autel. Rubens a représenté ce personnage sous le même aspect dans deux de ses tableaux dont l'un est à Gênes, dans l'église Saint-Ambroise. Saint Ignace est encore reproduit sous les mêmes traits dans une statue de l'église du *Gésu*, à Rome. A droite et à gauche, le panneau montre deux autres personnages, dont l'un est certainement *Saint François-Xavier*, le compagnon ordinaire de Saint Ignace, et l'autre, peut-être, *Saint Louis de Gonzague*.

---

(1) Voici comment M. le Docteur de Ribier décrit les armoiries de l'ancien collège des Jésuites de Mauriac : *d'azur à un nom de Jésus d'or enfermé dans un cercle ovale rayonnant de même.* (V. Chronique de Mauriac par le Docteur de Ribier, p. 229).

Or, en 1534, Ignace de Loyola n'était pas encore prêtre, et la Compagnie de Jésus, sur le point d'être fondée, ne l'était pas encore. Le monogramme des Jésuites n'existait donc pas. Les tapisseries de Salers sont, par suite, postérieures à cette date.

Une autre preuve décisive que ces panneaux sont bien du XVIIe siècle et non du XVIe, c'est la présence dans l'un d'eux, au pied de la Croix, d'une sainte femme en costume de Visitandine. Or, *l'ordre de la Visitation* n'a été créé par Saint François de Sales qu'en 1610. Ces tapisseries n'ont donc pu être faites avant cette dernière date.

Comment sont-elles venues dans l'église de Salers?

Etant donné tout ce que je viens de dire, il n'est pas douteux qu'elles n'aient d'abord appartenu à quelque établissement de Jésuites. Et en l'absence de tout document précis nous renseignant sur leur provenance, je ne vois qu'une hypothèse plausible. A peu de distance de Salers, à Mauriac, les Jésuites ont possédé, aux XVIIe et XVIIIe siècles, un collège florissant. Comme tous les établissements de la Compagnie de Jésus, ce collège fut fermé en 1763, et le mobilier qu'il contenait fut dispersé. N'est-il pas probable qu'à ce moment, un habitant de Salers a dû faire l'acquisition des tapisseries des Jésuites de Mauriac pour les donner à l'église de sa ville natale?...

Examinons maintenant de plus près ces panneaux.

Ils étaient, il y a quelques années, en fort mauvais état, ayant été laissés longtemps sans soin dans une sacristie très humide. Ils en ont été heureusement retirés, en 1903, par le zélé pasteur de la paroisse, M. le doyen Cheyrier, qui en confia la restauration aux Dames du couvent de Salers, et les exposa ensuite tout autour du chœur où on les voit actuellement.

Quels en sont les sujets?

J'ai déjà parlé du premier panneau qui se

trouve à l'entrée du chœur à gauche, et qui représente *Saint Ignace à l'autel*, assisté de deux autres membres de sa Compagnie.

Le panneau qui lui fait face nous montre *Sainte Anne présentant la Sainte Vierge au Temple*.

Enfin, les trois tapisseries qui sont derrière le chœur représentent les grandes scènes de la vie de Jésus-Christ : à droite, l'*Adoration des bergers*, au milieu, la *Descente de Croix*, à gauche, l'*Adoration des Mages*.

◻ ◻ ◻

Après les tapisseries, deux tableaux placés dans le chœur attirent l'attention. Le premier, à gauche, est encore une ADORATION DES BERGERS. Il est attribué à RIBÉRA, et il rappelle incontestablement d'une façon frappante les tableaux que ce maître espagnol a peints sur le même sujet, et que l'on voit au Louvre et au Musée de Marseille. Le tableau de droite est une DESCENTE DE CROIX. Certains connaisseurs veulent aussi qu'il soit dû au pinceau de RIBÉRA, bien que la couleur très fortement bistrée du corps du Christ fasse un contraste singulier avec la fraîcheur du coloris de l'*Adoration des bergers* qui lui fait face.

J'ai garde de me prononcer. A ceux qui objecteraient cependant qu'il paraît impossible qu'une modeste église de petite ville possède une ou deux toiles d'un aussi grand peintre que le fut *Ribéra*, je pourrais citer le fait suivant : l'église d'Aigueperse (Puy-de-Dôme) possédait naguère une œuvre de grande valeur, un *Saint Sébastien*, que depuis longtemps on « attribuait » à *Mantegna*, sans en avoir la certitude. Or, l'an dernier, le Louvre a acheté cette toile moyennant la respectable somme de 200.000 fr., après la preuve faite que ce *Saint Sébastien* était bien sorti du pinceau du célèbre maître italien. Pareille preuve sera-t-elle jamais établie pour les

« attribués à Ribéra » de Salers? Je l'ignore et ne puis que le souhaiter.

Mais si ces tableaux sont bien du maître espagnol, comment expliquer leur présence dans cette église? On peut formuler l'hypothèse suivante : Depuis plusieurs siècles, beaucoup d'Auvergnats ont émigré en Espagne pour y faire le commerce de la mercerie, de la boulangerie, des chevaux, des mules, de la banque. N'est-il pas possible que les tableaux en question aient été rapportés d'au delà les Pyrénées par un *Espagnol de Salers* et offerts par lui à l'église de son pays natal? Cette hypothèse n'est peut-être pas la vraie; elle n'est, en tout cas, point invraisemblable.

□ □ □

Lutrin

Avant de sortir du chœur, jetons un coup d'œil sur un beau lutrin, datant de la fin du règne de Louis XIII, représentant un lévite debout, les pieds reposant sur une demi-sphère.

Au-dessus de l'entrée du chœur, pend du sommet de la voûte, un lustre *Empire*, à boules et pendeloques de cristal, qui a tenté la convoitise de plus d'un amateur.

Regardez à côté de la porte de la sacristie, à droite du chœur, un curieux *bénitier en faïence* coloriée. On y distingue assez péniblement l'image du Christ, des anges, des démons, etc. Ce bénitier vient d'Espagne (province de Valence), d'où il a été rapporté, il y a quelques années, par un émigrant qui l'a offert à M. le doyen Cheyrier.

Tout auprès, dans la chapelle voisine, se trouve une jolie statuette en bois doré qui représente « *le grand saint Eloi* ».

La *chaire,* qui est du côté opposé, mérite d'être examinée. C'est une pièce fort artistique du XVIIIe siècle. Il en est de même du *vestiaire à « tours »* qui se trouve dans la sacristie.

Vis-à-vis la chaire, un *Christ en croix*, peinture dans un beau cadre ancien, paraît avoir quelque valeur. Ce même sujet est encore traité, et non sans art, dans un autre tableau qui est au-dessus de la première chapelle de gauche, mais qui, malheureusement, est placé trop haut pour qu'on en puisse aisément apprécier le mérite.

Dans la chapelle au-dessous de ce dernier tableau, qui est celle des Fonts baptismaux, se trouve un *tabernacle arche d'alliance*, en bois doré, du XVIe siècle. C'est ce tabernacle qui servait autrefois à porter le Saint-Sacrement dans les processions.

Allons dans la chapelle en face, la première à droite lorsqu'on entre dans l'église et qui s'appelle *la chapelle de Notre-Dame-de-Grâce*. Sur l'autel de cette chapelle, un fort intéressant tableau attire l'attention. Plusieurs personnages, clercs et laïques, en costumes du XVIe siècle, sont à genoux, en prière devant une colombe paraissant dans le ciel. Comme fond de tableau, la ville de Salers avec ses tours, ses portes, ses remparts et une multitude d'hommes combattant entre eux, les uns poursuivant et rejetant les autres par-dessus les fortifications de la ville. Ce tableau, connu sous le nom de Vœu de Ville, fut peint pour perpétuer le souvenir du vœu que firent les Salernois à la suite de la victoire qu'ils remportèrent contre les Huguenots, le 1er février 1586. Les personnages du premier plan sont les prêtres et les consuls de la ville promettant, devant l'Esprit-Saint figuré par la colombe, qu'à perpétuité le jour du 1er février serait pour Salers un jour férié qui serait aussi solennellement célébré que celui de la Fête-Dieu, et qu'une procession générale aurait lieu chaque année ce jour-là après la messe.

Disons ici que les habitants de Salers respectent toujours pieusement le vœu fait par leurs ancêtres.

Cette année encore le bulletin paroissial, *L'Echo de Notre-Dame-de-Lorette,* annonçait de la façon suivante le programme de la fête du « vœu de ville » :
« Premier février, à dix heures, messe solennelle suivie de la procession du Saint-Sacrement dans les rues de la ville. Prière de pavoiser les rues. Le lendemain, 2 février, à 8 heures, messe solennelle pour les victimes tombées pour la défense de Salers. »

La toile du *Vœu de Ville* porte au bas un écusson contenant les armes de la famille de Chazettes de Bargues. La présence de cet écusson s'explique sans doute par le fait que le tableau a dû être donné par un membre de la famille de Bargues, en souvenir d'un fils de cette maison qui fut tué en repoussant l'assaut du 1ᵉʳ février 1586.

Mise au tombeau

o o o

En face de la chapelle de *Notre-Dame de-Grâce,* dans un enfoncement voûté et fermé par une grille, se trouve la chose la plus curieuse et aussi la plus artistique qui soit dans l'église de Salers : c'est LA MISE AU TOMBEAU OU LE SAINT-SÉPULCRE.

Ce monument, qui se compose de neuf personnages, grandeur nature, en pierre coloriée, fut donné à l'église de Salers, en 1495, ainsi que l'atteste le passage suivant du livre consulaire : « *Et dernièrement est la chapelle de Notre-Dame-de-Grâce et le vénérable sépulcre somptueusement bâtis, édifiés, fondés et garnis de tous ornements nécessaires au service, par Mᵉ Géraud Vitalis, prêtre, habitant et natif de Salers, qui a fait le tout ensemble donna trente-trois quintals cazette, la grand'cloche appelée*

Vitalis, et obtenu les pardons et indulgences aux dits lieux et deux bulles de vingt cardinaux, en l'an 1495. »

Rien que l'ancienneté d'un pareil monument suffirait à le rendre vénérable et intéressant. Et, d'autre part, je n'ai pas besoin d'insister pour recommander à mes lecteurs d'observer la vérité, j'allais dire le réalisme, qu'il y a dans chacune de ces figures. Voyez la belle ligne du corps de Notre-Seigneur ; remarquez le fini, le modelé de cette anatomie. Comme le groupe de la Sainte Vierge, de Saint Jean et des Saintes Femmes pleure bien, auprès du divin Crucifié, son immense douleur ! Admirez l'expression des visages, la variété des attitudes, la souplesse et la diversité des draperies. Le premier personnage à droite, qui, avec ses clefs, figure le gardien du tombeau, et les deux juifs qui tiennent le Saint-Suaire paraissent au premier abord quelque peu ridicules avec leur nez camus, leur barbe broussailleuse et leur lourd et curieux costume oriental. Oui ; mais les fameux « magots » de Téniers aussi paraissaient grotesques au Grand Roi, et ça n'empêchait pas qu'ils ne fussent bien réels, bien vivants. Je me souviens pour ma part de m'être trouvé un jour dans une gare du Cantal, en face d'un paysan dont le visage évoqua si soudainement en moi par sa ressemblance le souvenir du gardien du tombeau de Salers, que je ne pus m'empêcher d'en faire part à mon compagnon de voyage. Ces personnages sont donc bien vrais. Et si l'on étudie tous les détails de leurs physionomies, les muscles des mains, les plis des vêtements, on sent qu'on se trouve là en présence d'une véritable œuvre d'art, digne de retenir longtemps l'attention des visiteurs.

Aussi mes lecteurs ne seront-ils pas fâchés que je m'arrête un peu complaisamment sur tout ce que l'on peut savoir concernant les monuments du genre de celui dont je parle.

Au dire de M. Emile Male, professeur à la Faculté des Lettres de Paris, qui a écrit sur *l'art religieux de la fin du moyen âge,* un ouvrage apprécié, c'est vers 1450 que les sculpteurs imaginèrent ces étonnantes « Mises au tombeau » faites de grands personnages en pierre groupés autour d'un sarcophage (1). L'idée leur en vint en voyant fréquemment représenter devant eux, dans les *Mystères*, alors à la mode, la scène de la mise au tombeau.

« Que nos Saints-Sépulcres, dit à ce sujet M. Male, soient la reproduction exacte d'un « tableau vivant », c'est ce qui ne saurait faire de doute. Je ne dirai rien des costumes des personnages, bien que chapeaux retroussés, robes fourrées des vieillards, larges turbans des femmes soient bien évidemment des costumes de théâtre. Je veux seulement attirer l'attention sur la façon dont les personnages sont groupés suivant des dispositions traditionnelles qui variaient fort peu.

« Voici sous quel aspect se présentent le plus souvent nos Saints-Sépulcres. Deux vieillards, debout aux deux extrémités du sarcophage, portent le cadavre étendu sur le linceul. Au milieu, comme il convient au personnage principal, la Vierge prête à défaillir est soutenue par Saint Jean. A droite de la Vierge, une sainte femme est debout près de la tête du Christ ; à gauche, une seconde sainte femme, accompagnée de Madeleine, se tient près des pieds...... »

Telles sont, dit l'auteur que je cite, les dispositions les plus usuelles de la plupart des *Mises au tombeau* connues, et il en nommé une quinzaine, au nombre desquelles celle de *Salers*.

Puis, le distingué professeur ajoute : « Il faut encore signaler la présence de deux soldats debout ou endormis près du Saint-Sépulcre... Ces soldats, rapprochés des autres personnages d'une façon tout à fait artificielle, achèvent de donner à l'ensemble l'aspect d'un tableau vivant. »

A Salers, nous ne voyons qu'un soldat ou gardien du tombeau, au premier plan à droite. Mais il

---

(1) *L'art religieux de la fin du moyen âge*, par M. Male, p. 132.

devait y en avoir deux primitivement, car il m'a été rapporté par M. le doyen Cheyrier, que des fragments d'un second personnage paraissant ressembler au premier, existaient jadis dans les combles ou les dépendances de l'église.

Qu'on me permette encore de citer, au sujet de ce monument, quelques lignes de M. Male : « La foule, au Moyen Age, aimait ces grandes figures touchantes et un peu effrayantes. On les mettait toujours dans une chapelle sombre ou dans une crypte. Dans ce demi-jour, elles semblaient vivre et respirer. Agenouillé dans l'ombre, le fidèle perdait la notion du temps et de l'espace; il était à Jérusalem, dans le jardin de Joseph d'Arimathie, et il voyait de ses yeux les disciples ensevelir le Maître à l'heure du crépuscule. Quelques-uns de ces Saints-Sépulcres attiraient particulièrement la foule; ce n'étaient pas toujours les plus beaux, mais ceux qu'enveloppait le plus d'ombre. Les Saints-Sépulcres étaient donnés, dans une pensée d'édification, par de riches bourgeois, des chevaliers, des chanoines... »

A Salers, je l'ai dit plus haut, le Saint-Sépulcre fut donné, en 1495, par un prêtre, *Giraud Vitalis*, qui fit don en même temps à l'église de plusieurs autres riches cadeaux.

Quel fut l'auteur de ce monument? Le livre des archives de la ville ne nous a malheureusement pas transmis son nom, et il est bien à craindre qu'il ne reste à jamais inconnu. Je dois donc me borner à consigner ici l'hypothèse formulée par M. de Rochemonteix, le disert historien des églises romanes de la Haute-Auvergne : « Chacun, a-t-il écrit, a présent à la pensée le rôle artistique joué au XVe siècle par l'école flamande. M. Courajod, l'éminent professeur du Louvre, dans ses *Leçons* nous montre comment l'influence prépondérante de cette école se répandit, ainsi qu'une vague, du Nord au Midi. N'est-ce pas à cette coulée que nous devrions l'œuvre de Salers? L'expression de douleur, la pose des saintes femmes rappellent le faire du maître tournaisien Roger van der Weyden. L'influence bourguignonne paraît notoire dans les costumes de Joseph d'Arimathie et de Nicodème (1). »

o o o

Avant de quitter l'église, il me reste à dire que la fête patronale de Salers se célèbre avec une grande pompe le 8 septembre, date de la *Nativité de la Très Sainte Vierge*. Ce jour-là, une belle procession qui se déroule à travers les rues de la ville, et les diverses péripéties de la fête, forment pour le visiteur un intéressant spectacle, en lui permettant d'étudier de plus près soit les types, soit les mœurs, soit les coutumes de la robuste race de montagnards que l'on voit ce jour-là à Salers.

Ce serait un hors-d'œuvre que d'analyser ici les divers numéros du programme habituel de cette journée. Je veux me borner à relater quelques lignes d'histoire locale, peu connues, je crois, relatives à un ancien usage de la fête du 8 septembre. Je les tire de l'ouvrage de Legrand d'Aussy. Cet écrivain, qui avait voyagé en Auvergne quelque temps avant la Révolution, nous donne le curieux détail suivant sur la fête patronale de Salers au XVIIIe siècle :

Un roi et une reine, dit-il, étaient désignés aux enchères par la voie du « reinage ». Ceux-ci faisaient des largesses considérables en faveur des pauvres. *Une année, ils firent couler une fontaine de vin sur la place publique, et ce fait se répéta plusieurs fois. Mais cela aurait entraîné tant de désordres, par suite du grand nombre de gens qui se grisaient, que cet usage fut supprimé.*

Qui aurait cru, si Legrand d'Aussy ne l'affirmait, que sous l'ancien régime, malgré le mauvais état des voies de communication, le vin coulât avec une telle profusion dans les montagnes d'Auvergne, un jour de grande fête !

(1) *Les églises romanes de la Haute-Auvergne*, par M. de Rochemonteix, p 367.

LA PLACE ET LES VIEILLES MAISONS

En sortant de l'église, le touriste suit la rue qui s'ouvre devant le porche de ce monument et arrive bientôt devant une des portes de l'ancienne ville, surmontée d'une tour, dite TOUR DE L'HORLOGE OU TOUR DU BEFFROI.

Tour de l'horloge

C'est un des plus jolis morceaux d'architecture du vieux Salers. Il fait l'ornement de la couverture de cette *Notice*. Au-dessus d'une voûte ogivale, s'élève une tour carrée assez haute, sur laquelle vient se souder à droite une tour ronde. La première est garnie à son sommet de machicoulis et de corbeaux de pierre; puis elle se termine par une toiture élancée, décorée d'un intéressant ouvrage de ferronnerie. Deux écussons dont les armes ont été rongées par les intempéries, et deux cadrans dont les aiguilles paraissent depuis longtemps figées dans l'immobilité du passé, ornent la façade de la tour. Le temps a délicieusement patiné toutes ces pierres de tons fort agréables. Au premier plan, à gauche, la terrasse d'un jardin où éclate çà et là, pendant l'été, parmi des touffes débordantes de lierre et de vigne vierge, la note rouge de quelques géraniums, fait un très artistique cadre au joli tableau qu'offre ce beau morceau de vieille architecture.

Passons sous la voûte de la tour, et laissant à droite une maison précédée d'un portail à colonnettes Renaissance, qui fut celle du célèbre Président Lizet dont je donnerai plus loin la biographie, nous arrivons après quelques pas sur la PLACE DE SALERS.

Quel heureux contraste avec la sombre ruelle d'où nous venons de sortir! Ici, c'est l'espace, c'est la lumière, c'est la surprise et l'enchantement des yeux devant le spectacle, — vrai décor de théâtre, — d'un groupe de maisons à tourelles des XVe et XVIe siècles, toutes ou presque toutes fort bien conservées.

Celle qui, tout d'abord, attire les regards, au Midi, est la MAISON dite DU NOTAIRE, parce qu'elle a longtemps appartenu au regretté M. Sevestre, qui exerça pendant longtemps les fonctions de notaire à Salers. C'est un vrai petit château Renaissance, de l'architecture la plus fine, la plus déliée, la plus artistique, un vrai bijou de l'époque de François Ier, car on voit la salamandre figurer sur les écussons ou parmi les fioritures qui décorent les fenêtres. On pense que cette maison a été construite par Antoine de Mossier, avocat du Roi au bailliage de Salers, ou par son père Jean (1). Elle appartient actuellement au gendre de M. Sevestre, M. Poisson, capitaine d'artillerie à Clermont.

Maison du notaire

Vers le milieu de la place, un buste en bronze

---

(1) *De Mossier*. Vieille famille bourgeoise de Salers, qui a eu de très belles alliances dans la noblesse voisine et a occupé à Salers diverses charges de judicature et de finance jusqu'aux environs de la Révolution.

se dresse sur un piédestal entouré d'une grille. C'est le BUSTE DE M. TYSSANDIER D'ESCOUS, le créateur ou le régénérateur de la race bovine de Salers. Ce buste est dû au ciseau de *Champeil*, un grand-prix de Rome, originaire du Cantal. Je dirai quelques mots du célèbre agronome que fut M. Tyssandier d'Escous, dans un chapitre spécial, consacré à la fin de cette brochure aux hommes marquants dont Salers peut s'enorgueillir.

A droite du monument Tyssandier et au coin de la rue qui descend de la place vers l'est, vous apercevez une maison dont l'angle est flanqué d'une jolie tour hexagonale qui se termine à sa base par un élégant encorbellement. C'est la MAISON DE FLOGEAC, qui appartient à M. de Fayolle.

Cour de la Maison de Bargues.

Celle qui fait suite, sur la place, est la MAISON TYSSANDIER D'ESCOUS, habitée par Mme de Raffin, fille du célèbre agronome.

Un peu plus loin, à l'entrée de la *rue des Nobles*, du côté gauche, se trouve la MAISON DE BARGUES. Elle est la propriété de M. Pierre de Chazettes de Bargues (1). On remarque dans cette maison une cour intérieure d'un joli style Renaissance. Cette cour est dominée par un balcon en pierre sculptée, et elle est précédée d'un intéressant passage voûté

(1) La famille *de Chazettes de Bargues* a joué dans les annales de la ville de Salers, un rôle important. J'ai déjà dit qu'un membre de cette famille avait été tué lors de l'assaut de 1586. La mère du Président Lizet était une de Chazettes. Dans la liste des consuls de la ville, le nom des de Bargues revient souvent. L'un d'eux fut, au XVIIIe siècle, secrétaire du Roi près la Cour des Aides de Clermont.

avec des clés de voûte et des nervures finement travaillées.

Plus loin, dans la RUE DES NOBLES, était la maison jadis habitée par la famille *Chevalier de Longevialle*, et tout au fond je signale la maison actuellement occupée par M. *Peyrac*, notaire, sur la porte de laquelle on lit ces mots : DE MARIE T DE SCORAILLES Mlle DE SALERS EN 1740.

Revenons sur la place. A l'angle de la *rue des Nobles*, la tour très élancée, à cinq étages, que l'on voit, est la maison de M. le docteur Barbet. Elle appartenait, sous l'ancien régime, d'abord à la FAMILLE DE ROQUEMAUREL, puis à la suite d'un échange, à la FAMILLE ANDRÉ DE LA RONADE. Cette dernière famille a tenu une grande place à Salers pendant les deux siècles qui ont précédé la Révolution, ses chefs ayant possédé d'une façon presque continue la charge de lieutenant général civil et criminel près le bailliage des hautes montagnes d'Auvergne. Sous la Terreur, Mme de la Ronade, veuve d'Antoine André, comte de la Ronade, capitaine au régiment de Flandre, fut arrêtée à Salers sous prétexte d'avoir favorisé l'émigration de deux de ses fils, officiers de cavalerie, et malgré son âge avancé (72 ans), elle fut guillotinée sur la place d'Aurillac.

En continuant le tour de la place, nous voyons, à droite de la maison La Ronade et à l'angle de la rue qui va vers l'ouest, une maison d'aspect neuf. Elle appartient à la ville, qui l'a reconstruite, il y a une dizaine d'années, sur les ruines d'une ancienne maison brûlée (1). Elle sert actuellement de *poids public*. Malgré les efforts louables faits par la Municipalité pour tenter d'harmoniser le style de cette construction avec les bâtiments voisins, on sent toute la différence qui existe, au point de vue artistique, entre nos modernes constructions et celles du temps ancien.

---

(1) La photographie dont j'accompagne le texte, page 48, montre les ruines de cette maison incendiée, dans lesquelles on voit de grandes baies cintrées d'une belle architecture.

Cette maison a appartenu, au commencement du XIXᵉ siècle, à la famille *de Raffin de la Raffinie.* Mais je serais porté à croire qu'au XVIIIᵉ siècle, elle dût être la propriété des SCORAILLES, SEIGNEURS DE SALERS. Ce qui m'incline à cette opinion, c'est, d'abord, qu'il y a peu de temps encore, cette maison était connue sous le nom de CHATEAU, ce qui indiquerait qu'elle fut la résidence des seigneurs de Salers, après la destruction du château féodal (1). En second lieu, il résulte de certains détails du long procès qui divisa, au XVIIIᵉ siècle, les La Ronade et les Scorailles-Salers,

Un coin de la maison incendiée de la place de Salers

que ceux-ci possédaient une maison voisine de celle de leurs adversaires. Or, la maison La Ronade est très près de celle dont je m'occupe, et puisque celle-ci s'appelait *le château*, il est bien probable qu'elle était la résidence des *Scorailles, seigneurs de Salers.*

Sur la place, je signale encore, vis-à-vis le café Maury, une maison dont la porte, surmontée d'un fronton triangulaire et encadrée de colonnes Renaissance, donne accès dans une tour carrée assez haute. C'est celle qu'habitait, au commencement du XVIIIᵉ siècle, LE MAJOR DE LA FARGE, qui fit pendant quarante ans la guerre sous Louis XIV, devint l'ami du duc du Maine, fut pensionné et anobli par le Roi

---

(1) Ce *château* se composait d'un corps-de-logis haut de trois étages et d'une tour de six étages. On pense que cette tour était la *citadelle* dont Jean de Vernyes parle dans ses *mémoires* comme pouvant servir de logement à 40 hommes de guerre.

à la suite de la bataille de Malplaquet, et mourut dans cette maison à l'âge de 94 ans (1).

□ □ □

Suivons maintenant la rue qui part de l'angle du *poids public,* et après avoir laissé à droite une grande maison sans caractère architectural, qui appartient à la *famille de Roquemaurel* (2), nous nous trouvons, quelques mètres plus loin, en face de la MAISON DES TEMPLIERS, une des plus intéressantes du vieux Salers, et malheureusement celle dont l'histoire est la moins connue.

Pourquoi cette appellation : *Maison des Templiers?* On l'ignore, et aucun des érudits auxquels je me suis adressé n'a pu me fournir d'explication à ce sujet. Sans doute, on sait fort bien que très nombreuses étaient, au Moyen Age, les possessions des Templiers. Au temps de leur prospérité, ils ne possédaient pas moins, paraît-il, de 9.000 maisons dans la chrétienté (3). Mais leurs possessions étaient connues, et Niepce, l'historien autorisé du *Grand Prieuré des Hospitaliers d'Auvergne,* ne mentionne nullement comme dépendance de la *Commanderie de Carlat,* « chef », c'est-à-dire maison-mère de toutes les commanderies situées dans la région, une maison que les Templiers auraient possédée à Salers.

En attendant qu'un chercheur heureux nous donne la solution de l'énigme, il faut se contenter de visiter cette maison. On y accède par un passage voûté, dont les nervures prismatiques sont ornées à la base et à la clef de voûte d'intéressants motifs. On y distingue notamment le chef de Saint Jean-Baptiste, patron de l'ordre des Hospitaliers, et peut-

---

(1) Les descendants du *Major de la Farge* habitent actuellement les châteaux de Lapierre, près Salers, et Burc, près Pleaux.

(2) Au XIXe siècle, la famille de Roquemaurel a quitté l'Auvergne pour résider dans l'Agenais.

(3) Niepce. *Le Grand Prieuré des Hospitaliers d'Auv.,* p. 81.

être faut-il voir là l'unique cause de l'appellation de cette maison. Aux premier et second étage, plafonds à poutrelles et belles cheminées Renaissance.

La *Maison des Templiers*, qui est actuellement le siège d'une école libre, a appartenu précédemment

Maison des Templiers

aux familles de la Farge, Dupuy de la Fauvelie et Spinouse.

◻ ◻ ◻

En sortant de la maison des Templiers, nous descendons la rue en pente, d'aspect très moyenâgeux, et après avoir traversé un passage couvert, nous arrivons dans une autre rue qui va de la *porte de la Martille* à droite, vers *Barouze*, à gauche.

Dans cette nouvelle rue, on remarque : LA MAISON BERTRANDY, avec sa porte Renaissance et sa tour ronde encastrée dans le corps du bâtiment et de la toiture; puis la caserne de gendarmerie, jadis MAISON DE M. DE LA BASTIDE, et que d'aucuns appellent aujourd'hui *le château de la Bastille*, soit involontairement, par suite d'une déformation de nom assez fréquente dans le langage populaire, soit volontairement, par suite de la présence dans la gendarmerie actuelle de l'habituel « violon », qui fait de l'ancien château de M. de la Bastide, une sorte de petite Bastille moderne..........

En allant vers *Barouze*, vous verrez aussi, à droite, deux ou trois maisons basses dont l'architecture et particulièrement les larges ouvertures cintrées paraissent dater du xv⁰ siècle. On prétend que là était le siège de l'ancien bailliage de Salers.

L'ESPLANADE DE BAROUZE

On ne visite pas Salers sans pousser une pointe à l'extrémité sud de cette vieille cité, vers la magnifique esplanade, ornée d'arbres, qui domine à pic d'une hauteur de 300 mètres la pittoresque vallée de Saint-Paul.

En approchant des épaisses murailles qui forment l'enceinte de *Barouze,* restes des fortifications derrière lesquelles les Salernois, jadis, défendirent si glorieusement leur indépendance, les vers de l'illustre poète cantalien redisent à notre oreille :

Ces vastes murs pareils à d'antiques cuirasses,
D'un basalte rugueux tout noir et crevassé
Chantent farouchement les gloires du passé
Et proclament encor l'orgueil des vieilles races (1).

Mais nous voici au bord de l'esplanade, et nos yeux, qui depuis un moment contemplaient la cime en pain de sucre du *Puy violent,* plongent soudain dans la profondeur de la vallée. Tour à tour le regard se porte vers le sommet et vers l'abîme. D'abord, il est désorienté, ébloui par l'étendue du panorama, surpris par « l'horreur », comme on aurait dit au XVIIe siècle, de ce vaste précipice. Puis, petit à petit, il analyse les détails.

Quel est ce coquet village situé là-bas, sur la gauche, au pied d'un rocher basaltique au-dessus duquel s'élève, dans une blancheur immaculée, une statue de la Vierge? C'est le village de SAINT-PAUL. Ce joli château, qui lui fait face, et dont on domine les toitures et les tourelles qui émergent comme d'un nid de verdure? C'est le CHATEAU DE LAPIERRE,

---

(1) Vermenouze. *Mon Auvergne. Salers,* p. 79.

qui appartient à M. Charles de la Farge, un vrai gentilhomme d'autrefois, un des hommes de la région les plus vraiment sympathiques à tous.

La rivière qui coule entre *Saint-Paul* et *Lapierre* se nomme LA MARONNE; c'est un affluent de la Dordogne. Elle prend naissance à huit kilomètres environ, au *cirque de Recusset*. A une demi-heure de marche en amont du village de Saint-Paul, elle forme une belle chute naturelle de trente mètres de hauteur, appelée *la Cascade du Couder*, qu'un industrieux enfant du pays a fort habilement utilisée, en créant une usine d'électricité qui fournit à Salers, St-Paul, Fontanges, St-Martin et Mauriac un éclairage que bien des grandes villes envieraient.

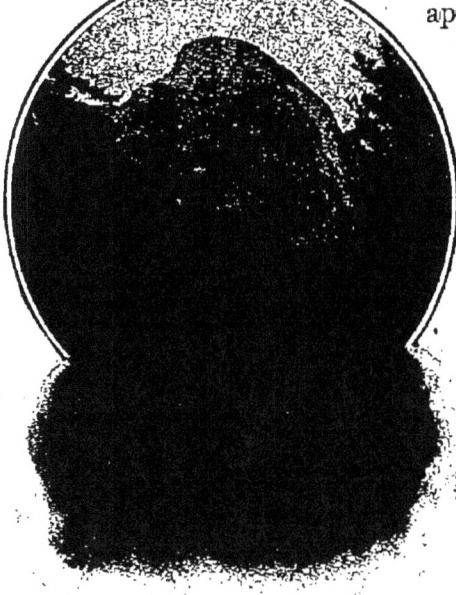

Le roc d'Ourzier.

Regardez maintenant ces deux maisons que vous apercevez au loin à votre gauche, tout en haut de la vallée : c'est l'auberge et la maison du COL DE NÉRONNE. Ce col, situé à 9 kilom. de Salers, sert de voie de communication entre la vallée de Saint-Paul, arrosée par la Maronne, et celle du Falgoux, baignée par le Mars (1). Vous distinguez nettement la route très hardie, tracée en corniche, qui conduit de Salers à Néronne. Ces 9 kilomètres de route entièrement dépourvue d'arbres, offrent, en profondeur

(1) LE MARS arrose les communes du *Falgoux*, du *Vaulmier* et de *St-Vincent*. Il forme une des vallées les plus riches et les plus pittoresques du Cantal. La profondeur de cette vallée est telle qu'on l'appelle en langue d'oc, *lo ribeiro cobado*.

sur la vallée de Saint-Paul, et en hauteur sur le Puy Violent, le Puy Mary et les monts avoisinants, une vue des plus impressionnantes.

De Néronne au Puy Mary (13 kilomètres), la route change entièrement de caractère. Elle est tracée en pleine forêt du Bois MARY, et permet d'admirer, à côté des sapins séculaires qui la peuplent, les blocs colossaux de rochers qui la dominent, tels que *le roc du Merle* et *le roc d'Ourzières*.

Le PUY MARY se montre bientôt dans toute sa majesté, dans des teintes variant suivant l'heure et suivant la saison, mais toujours grandiose, toujours imposant. La route gravit ses flancs en lacet et par une pente très raide, abordable cependant pour les autos, arrive au *pas de Peyrol*, très près du sommet du Puy Mary. Une demi-heure d'ascension suffit de ce dernier point pour parvenir à la cime de la montagne (*1.787 m. d'altitude*). Là, une longue halte s'impose, car le spectacle qu'offre le Puy Mary sur les riches vallées du Falgoux, de Cheylade, de Dienne, de la Cère, de la Jordane et de la Maronne qui rayonnent au tour de lui, est le plus merveilleux qui existe au centre de la France. Je dirai même avoir eu plusieurs fois la satisfaction d'entendre des étrangers au pays déclarer qu'aucun sommet dans les Pyrénées, ni dans les Alpes, ne présente un panorama circulaire aussi complet et aussi agréable que le Puy Mary...

Le Puy Mary

Mais reprenons l'exploration du décor si vaste qu'on voit de *Barouze*.

Remarquez les pentes du Puy Violent. Jusqu'à mi-côte, elles sont entièrement déboisées, couvertes d'un gazon épais d'un ton vert jaune que le soleil dore en plein midi et que les feux du couchant savent colorer si délicieusement en rose, en violet ou en mauve.

Ces pâturages sont peuplés, de distance en distance, de nombreux troupeaux de vaches rouges, qui

Vacherie à la montagne

passent cinq mois de l'année, couchant à la belle étoile, dans leurs pacages respectifs appelés « montagnes ». Ces vaches appartiennent à cette belle race à laquelle *Salers* a donné son nom, et qui, depuis les améliorations qu'elle a reçues, grâce principalement à l'initiative de Tyssandier d'Escous dont je parlerai plus loin, est aujourd'hui une des plus appréciées parmi les races bovines de France (1).

(1) V. sur ce sujet ma *Monographie agricole du canton de Salers*, Gentet édit. Aurillac, 1904.

Les points blancs, gris ou rouges que vous voyez émaillant le tapis de verdure des « montagnes », ce sont les *burons*, bâtiments qui servent à la fois de logement pour les vachers et de laiterie pour la fabrication des fromages. Le poids de ces fromages varie entre 30 et 50 kilos. On les appelle *fourmes*. Leur fabrication est la richesse du pays; il me suffit de dire à ce sujet que le fromage du *Cantal*, la *fourme*, qui ne valait guère en moyenne, il y a vingt ans, que 100 fr. le quintal métrique, est passée depuis quelques années à une moyenne de 120 francs au bas mot. J'ajoute que le département du Cantal en fait chaque année un commerce d'environ 50.000 quintaux métriques, représentant une valeur de six millions de francs.

Plus bas, les pentes du *Puy Violent* sont en partie boisées, partie aussi en prairies que l'on sent, à de nombreux indices, avoir été conquises sur la forêt, par l'effort successif des générations qui, depuis des siècles, ont entrepris la lutte contre la nature âpre et sauvage des temps préhistoriques.

Il y a huit ou dix siècles, l'élevage de la race bovine était loin d'avoir dans cette contrée l'importance qu'il a aujourd'hui, et sur la plupart des « montagnes » où l'on voit actuellement de beaux troupeaux de vaches, paissaient sans doute presque exclusivement de nombreuses bandes de chèvres et de brebis. Le *Puy Violent*, dont je parle, avait tiré son nom du bêlement des animaux qui le peuplaient pendant l'été, car son vrai nom en langue vulgaire est *lou puet biogon;* en français *le puy bêlant*. « Oui, m'écrivait, en 1904, le très regretté poète Vermenouze que j'avais consulté à ce sujet, oui, le puy *violent* devrait s'appeler le puy *bêlant*. Mais ces francimands n'en font jamais d'autres; ils sont fiers d'ignorer les dialectes provinciaux, et c'est une pitié de voir comme ils estropient, comme ils dénaturent les noms de nos sites et de nos localités. Le nom de mon village, *Vielles* (*En Vienho* ou *En Viéngo*) a la même étymologie que celui du Puy Violent, car il fut jadis entouré de landes et de maigres pacages où paissaient de grands troupeaux de chèvres et de brebis... »

▫ ▫ ▫

Les chasseurs de la région aiment, dans la saison d'automne, à se rendre sur les pentes du *Puy Violent*, pour y faire courir, et aussi tâcher de mettre dans leur gibecière, quelques-uns des lièvres encore assez nombreux qui vivent dans ces montagnes.

Combien sont rares cependant ces légers quadrupèdes, comparativement à ce qu'ils furent jadis dans cette contrée! Je veux citer ici à ce sujet un fait qui fera rêver tous les Nemrods du canton :

Croirait-on qu'à la veille de la Révolution de 1789, il y avait dans les environs de Salers une telle quantité de lièvres, que les cultivateurs ne pouvaient défendre leurs récoltes contre les dégâts causés par ces animaux? Et cela à tel point, que lors de la rédaction du *Cahier des doléances du bailliage de Salers,* on jugea bon d'y insérer la déclaration suivante :

« Il est un fléau destructeur qui bientôt anéantira l'espoir de recueillir le fruit de ses peines : les lièvres occasionnent un dégât d'autant plus irréparable que les plantes atteintes de leurs morsures végètent, dépérissent insensiblement et dégoûtent le cultivateur. Les règlements ont, à la vérité, prononcé des peines contre les propriétaires peu attentifs de ces animaux dangereux (sic); mais ces abus sont si anciens et si répandus qu'il est presque impossible de pourvoir à leur répression... » (1).

N'y a-t-il pas, comme je le disais plus haut, de quoi faire rêver tous les Nemrods du pays? Car ceux-ci, hélas! en sont venus à trouver aujourd'hui

---

(1) Cahier des doléances du bailliage de Salers (*L'Auvergne historique.* Deuxième année, p. 77. Jouvet-Riom).

beaucoup trop rares ces animaux que leurs pères jadis trouvaient trop nombreux et que pour cela ils n'hésitaient pas à qualifier *d'animaux dangereux!*

o o o

En terminant cette digression, qui nous a été inspirée par la vue du pays et l'amour de la chasse, nos yeux dévalent sur la droite les pentes du Puy Violent et plongent vers une vallée qui bifurque avec celle de Saint-Paul.

Vallée de la Maronne

C'est la vallée de FONTANGES, arrosée par l'*Aspre*, qui, un peu au-dessous de cette localité, se jette dans *la Maronne*. L'*Aspre* prend naissance dans les montagnes situées entre les villages *du Fau* et *de la Bastide*. L'excursion *de la Bastide* (12 kilomètres environ de Salers) est une des plus intéressantes à recommander aux touristes amateurs de sites vraiment pittoresques.

De Barouze, on ne voit que le commencement du riche et pittoresque bourg de *Fontanges*. Une tache blanche apparaît à l'entrée du village : c'est une statue de la Vierge que les habitants de cette localité ont érigée au sommet d'un énorme rocher, dans lequel ils ont creusé, en forme de grotte, une curieuse chapelle fort artistiquement sculptée, décorée d'une belle grille et gracieusement précédée de plusieurs massifs de fleurs.

o o o

Plus bas, toujours à droite, la vallée de la Maronne s'élargit, et cette rivière, grossie de l'Aspre, après avoir passé au pied du beau manoir de *Palemont* (1), coule en serpentant paresseusement à travers de fertiles prairies, vers SAINT-MARTIN-VALMEROUX. Rien de plus gracieux que les méandres formés par la Maronne avant d'arriver à cette localité, au-dessous du village de Lacoste. Il y a là un paysage classique vraiment composé pour le plaisir des yeux.

Eglise Saint-Martin-Valmeroux

Nous ne voyons pas, de Barouze, la coquette localité de SAINT-MARTIN, vraie perle sertie dans une émeraude de verdure. Elle mérite cependant une visite spéciale, pour peu qu'on séjourne dans le pays, d'abord parce que son site est, au dire de MM. Boule et Farges, un des plus beaux

---

(1) Le château de *Palemont* appartient à M. Georges de Lamargé.

du Cantal, et ensuite parce qu'elle possède une superbe église gothique du xiv⁰ siècle, classée, remarquable spécimen local de l'art architectural du Moyen Age.

□ □ □

Plus loin, par-dessus le plateau de Malgorce, qui domine Fontanges et Saint-Martin, on aperçoit les crêtes de la vallée de *Saint-Projet* et de *Saint-Chamant*. C'est encore une des pittoresques vallées du canton de Salers, arrosée par *la Bertrande*, qui sort des flancs du Puy Chavaroche et va se jeter dans la Maronne. Elle forme sur un long parcours, assez approximativement, la séparation des arrondissements de Mauriac et d'Aurillac. A signaler, au sortir du bourg de Saint-Chamant, le beau château de ce nom, datant des xiv⁰ et xvii⁰ siècles, et qui a été magnifiquement restauré naguère par son très sympathique propriétaire, M. Paul de Saint-Chamant.

Ce n'est qu'à regret, et seulement après avoir scruté tous les coins de ce merveilleux panorama qu'offre la terrasse de *Barouze*, dans lequel se joue toute la gamme des verts, depuis le plus sombre jusqu'au plus tendre, que l'on se décide enfin à le quitter, les yeux éblouis de lumière, pour rentrer dans Salers où l'on a encore bien des choses à voir.

□ □ □

NOTRE-DAME DE LORETTE

LA CHAPELLE DE NOTRE-DAME-DE-LORETTE est située à l'extrémité du faubourg de Salers, à droite de la route qui va au col de Néronne, non loin du *château de la Jordanie* (1). C'est un lieu de pèlerinage très fréquenté par les habitants de la région, particulièrement au mois de mai et le dimanche de la Trinité.

Quelle en est l'origine?

On sait que les fondations de chapelles dédiées à Notre-Dame de Lorette ont eu pour cause le miracle de la translation de la maison de la Sainte Vierge, de Nazareth à Lorette, en l'an 1291. Il y a en France une vingtaine de chapelles édifiées sous ce vocable. Celle de Salers daterait du xve et peut-être même du xive siècle, d'après M. l'abbé Chabau, le savant historien des *Sanctuaires de la Sainte Vierge dans le diocèse de Saint-Flour*, auquel nous empruntons les détails qui suivent :

« S'il faut en croire la tradition, dit-il, un chevalier du pays se trouvant aux prises, en Terre Sainte, avec un Musulman, invoqua la protection de la Vierge immaculée et fit vœu, s'il sortait vainqueur de cette lutte à mort, d'aller en pèlerinage à Notre-Dame de Lorette. La Vierge l'exauça. Le Sarrazin fut terrassé et l'héroïque chevalier, fidèle à sa promesse, alla en Italie faire hommage de sa victoire à l'auguste Madone, sa libératrice. De retour dans ses foyers, il voulut consacrer le souvenir de cette miraculeuse protection et fit bâtir à ses dépens un Oratoire à Notre-Dame de Lorette. »

(1) *La Jordanie*, château qui a appartenu successivement aux Dufayet seigneurs du Fau, aux Chalvet de Rochemonteix, aux de Raffin de la Raffinie. Il est actuellement la propriété de M. Célarier.

La Vierge de cette chapelle ne tarda pas à avoir parmi les habitants de la région de Salers de nombreux implorateurs. Ce fut surtout contre les épidémies et contre les fléaux agricoles tels que l'excès d'humidité ou de sécheresse qu'on prit l'habitude de l'invoquer et qu'on l'invoque encore.

Le pèlerinage prospéra rapidement, car au XVIe siècle, il fallut « agrandir un oratoire trop étroit au gré de la direction des fidèles. *Mathieu Chalvet de Rochemonteix*, président de chambre au Parlement de Toulouse (dont on trouvera la biographie plus loin), était alors propriétaire du fief de la Jordanie et de la chapelle Notre-Dame, sans doute comme descendant du chevalier fondateur. En 1582, Mathieu vendit la Jordanie à Jacques Chalvet, son parent, et à Marguerite de Rigal, sa femme; ceux-ci, devenus propriétaires de la chapelle, y firent exécuter des réparations ou même des constructions importantes, comme l'attestaient les armoiries sculptées à la clé de voûte et au maître-autel de l'ancienne chapelle (1). »

En 1649, Guy Dufayet, seigneur du Fau, devenu également seigneur de la Jordanie, fit, lui aussi, réparer à ses frais le sanctuaire de Notre-Dame-de-Lorette. Et cent ans plus tard, c'est M. de la Raffinie, qui, devenu à son tour possesseur de la Jordanie et de la chapelle, en agrandit le porche et le portail.

En 1793, la Vierge noire miraculeuse de la chapelle fut brûlée avec d'autres statues de Saints sur la place de Barouze. En 1813, elle fut remplacée par une nouvelle statue qui fut bénite à Fontainebleau par le cardinal Gabrielli, avec la permission expresse du pape Pie VII.

C'est à l'année 1851 que remonte l'institution de la fête annuelle fixée au dimanche de la Trinité. Ce jour-là, une procession a lieu à travers les rues de la ville ornées de verdure, de fleurs et d'oriflammes;

---

(1) *Pélerinages et Sanctuaires de la Ste-Vierge*, par M. l'abbé Chabau.

elle est suivie par une foule de pèlerins venus de tous les points du canton.

En 1882, M. Pagis, alors curé de Salers, entreprit la reconstruction de la chapelle dont la pauvreté ne lui paraissait pas en harmonie avec le culte que lui portaient ses fidèles. Il commença une quête à cet effet, mais il n'eut pas le temps de mener son œuvre à bonne fin, ayant été, peu de temps après, nommé évêque de Tarentaise (1). Le projet de Mgr Pagis fut repris par son successeur, M. Chaumeil. Grâce à l'activité du nouveau curé de Salers, la première pierre de la nouvelle chapelle fut posée le 5 juin 1885, et l'édifice, complètement terminé en 1886, était définitivement consacré, le 8 mai 1887, par Mgr Baduel, évêque de Saint-Flour.

N. D. de Lorette

Ce monument est construit dans le style gothique. L'architecte s'est livré, dans l'exécution de la façade, à une fantaisie qui provoque les critiques des uns, tandis que les autres la trouvent fort heureuse. Cette façade est surmontée de trois simili-tours crénelées, destinées, paraît-il, plus tard à être couronnées par les statues de la Sainte Vierge et de deux anges aux ailes éployées.

L'intérieur est classique. Il est orné de jolis

---

(1) Mgr Pagis quitta bientôt l'évêché de Moutiers pour celui plus important de Verdun. Il est mort en 1906 non loin de Salers, à Chaussenac, canton de Pleaux.

vitraux sur lesquels on a eu la bonne idée de faire revivre les anciennes armoiries de la ville de Salers (*De gueules, à une tour d'or, surmontée d'une étoile d'argent*), du corps des officiers du bailliage (*De gueules, à un sceptre royal d'or posé en pal*), et de la communauté des prêtres de la ville (*D'azur semé de croisettes d'or et un pal de même, brochant sur le tout*).

L'HOSPICE DE SALERS

A côté de Notre-Dame-de-Lorette, et plus près de la ville, dominant la route qui, de Salers, descend en courbes rapides vers Saint-Paul, le visiteur remarque une vaste et belle maison d'allure ancienne.

Cette maison est actuellement L'HOSPICE DE SALERS. Elle fut bâtie en 1734 pour loger des prêtres chargés de prêcher des missions dans la région des hautes montagnes d'Auvergne et dont l'œuvre existait déjà à Salers depuis 1681.

Pour la construction de cette maison les missionnaires avaient peu de ressources. *Massillon* fit un appel en faveur de ces prêtres « infiniment utiles, disait-il, à ce grand diocèse où ils ne cessent d'instruire toute l'année avec des travaux infinis les peuples de nos campagnes (1) ». De tous côtés on vint à leur aide. Sur la demande de l'Intendant d'Auvergne, les habitants du Falgoux donnèrent du bois et firent des transports; en retour l'Intendant leur accorda une diminution de capitation (2).

Confisquée à l'époque de la Révolution, la maison des Missionnaires fut vendue nationalement le 3 thermidor an IV (21 juillet 1796), moyennant le prix de 6.300 livres, puis rachetée par les Pères Missionnaires de Clermont en 1820. En 1831, ces Missionnaires s'étant transportés de Salers à Aurillac, dans le vieux château de Saint-Etienne, la maison de Salers devint l'Ecole Normale des instituteurs du Cantal et resta affectée à cette destination jusqu'en 1841. A cette date, l'Ecole Normale ayant été à son tour transférée à Aurillac, la Municipalité de Salers

---

(1) *Arch. dép. P. d. D.* C. 7333. *Massillon* était, en 1734, évêque du diocèse de Clermont et Salers a fait partie de ce diocèse jusqu'à la Révolution.

(2) *Arch. dép. P. d. D.* C. 7333.

installa dans l'ancienne demeure des Missionnaires son hospice communal précédemment situé au centre de la ville (1).

Cet hospice est de fondation ancienne. Sa création est due à l'homme le plus illustre dont la naissance ait honoré Salers, PIERRE LIZET, qui fut, au XVIe siècle, *premier président au Parlement de Paris*. On en trouvera plus loin la biographie.

Par acte en date du 12 avril 1532, passé devant deux notaires du Châtelet de Paris, Pierre Lizet déclarait vouloir fonder un *Hôtel-Dieu* à Salers. Il donnait pour cet établissement la maison qu'il possédait dans cette ville (2), plus une importante somme d'argent destinée tant à l'appropriation de cette maison à son nouvel emploi, qu'à l'entretien à perpétuité de quatorze pauvres, de deux sœurs hospitalières et d'un aumônier.

« D'après les tables de Leber, dit M. Delalo, la somme de 1.500 livres donnée pour l'appropriation des bâtiments et l'ameublement de l'Hôtel-Dieu, vaudrait aujourd'hui 22.492 fr., et la rente de 400 livres donnée pour l'entretien et la nourriture des pauvres équivaudrait à 5.998 fr. de notre monnaie, représentant l'intérêt de 120.000 fr. (3). »

Les autres principaux bienfaiteurs de l'hospice de Salers ont été :

François de Chalvet de Rochemonteix, trésorier général des finances à Lyon, qui, en 1556, donna une rente annuelle de 100 livres.

Philippe Veschambre, bourgeois de Salers, qui, en 1577, légua 300 livres à l'Hôtel-Dieu de cette ville pour l'entretien des pauvres.

Claude d'Anjony de Foix, seigneur de Tournemire, maréchal des camps et armées du Roi, qui, en 1754, en souvenir de dame Louise de Salers, sa mère,

---

(1) *Hist. de la Mission diocésaine*, par M. l'abbé Randanne.

(2) C'était la maison précédée d'une porte à colonnettes Renaissance, située à côté de la porte de l'horloge, dont j'ai parlé plus haut.

(3) *Dict. stat. du Cantal*. Salers, p. 218.

donna entre vifs à l'Hôtel-Dieu de Salers, la somme de 6.000 livres payable à son décès, à charge de recevoir à perpétuité deux pauvres de sa seigneurie d'Anjony.

Madame Perrin, sœur de M. Salvage, ancien député, de Saint-Martin-Valmeroux, qui, en 1880, fit un legs de 10.000 francs à l'hospice de Salers, à condition de recevoir à perpétuité deux pauvres de la commune de Saint-Martin.

A l'heure actuelle, cet établissement n'abrite pas moins d'une moyenne de 25 à 30 pauvres infirmes, qui sont soignés par des sœurs hospitalières de l'ordre du Saint-Sacrement d'Autun.

LES HOMMES ILLUSTRES DE SALERS

Si la ville de Salers a joué un rôle important dans l'histoire de l'Auvergne, si elle est fière aujourd'hui de montrer aux excursionnistes qui viennent la visiter ses tourelles et ses remparts, elle s'enorgueillit aussi d'avoir donné le jour à des hommes dont la carrière a brillé d'un vif éclat et jeté sur elle un lustre flatteur.

Chose curieuse, ce n'est point dans la carrière des armes que les fils de cette cité indépendante avant tout, guerroyeuse de race, se sont distingués. C'est principalement dans la science des Lois et dans les hautes fonctions de la magistrature que la plupart des hommes marquants de Salers ont montré, à un degré éminent, ces qualités natives chez les Auvergnats, qui sont : le sens profond des affaires, l'intelligence innée du Droit, une incorruptible probité, l'absolue indépendance du caractère.

Le *premier Président Lizet*, le *Président de Vernyes* et le *Président Chalvet de Rochemonteix* ont joui, dans cet ordre d'idées, d'un renom qui exige que dans toute notice sur Salers on consacre quelques pages à leur mémoire.

Un autre enfant de Salers, par les services éminents qu'il a rendus à son pays dans le domaine agricole, — j'ai nommé M. Tyssandier d'Escous, — mérite, lui aussi, une biographie quelque peu détaillée.

▫ ▫ ▫

PIERRE LIZET (1482-1554)

J'ai déjà dit quelques mots de cet illustre bienfaiteur des pauvres de Salers, dans le chapitre consacré à l'hospice de cette ville.

Pierre Lizet naquit en 1482, au Vielmur (1), d'après certains biographes, à Salers, d'après d'autres. Il était fils de Béraud Lizet, avocat de la duchesse de Bourbonnais et d'Auvergne au bailliage des hautes montagnes, et l'Isabeau de Chazettes.

Après de bonnes études, il prêta serment comme avocat au Parlement de Paris, devint conseiller à cette Cour en 1515, puis avocat général en 1517. Dans ces dernières fonctions, il eut à défendre, et il le fit, paraît-il, avec éloquence, les droits du Roi et de la Couronne, dans le procès que Louise de Savoie intenta en 1521, à Charles de Bourbon, connétable de France. Cette affaire le mit en relief, au point qu'en 1529, le choix de François Ier se porta sur lui pour la charge de *premier président du Parlement de Paris*.

Pierre Lizet devait garder cette place 21 ans. Pendant le cours de cette longue présidence, il eut plusieurs fois à juger d'importantes affaires concernant la « Réforme ». Catholique convaincu, il se montra sévère pour les Calvinistes. Il eut notamment l'occasion de prononcer contre un des chefs du parti calviniste, Théodore de Bèze, une condamnation qui lui attira la haine de tout le parti des « réformés ».

Inflexible devant les grands seigneurs, il refusa un jour, en pleine audience du Parlement, de laisser donner aux *Guise* le titre de prince. Irrité de ce manque de flatterie, un membre de cette maison manœuvra de façon à obliger le Président Lizet à donner sa démission, en 1550.

Grande fut alors sa détresse. J'ai dit, en effet, en parlant de l'hospice de Salers, que par acte du 12 avril 1532, Pierre Lizet avait donné pour fonder un Hôtel-Dieu dans sa ville natale, la maison qu'il y possédait, plus une très importante somme d'argent. C'était à peu près tout ce qu'il avait. De son vivant, cet homme de cœur s'était dépouillé en faveur des pauvres. Aussi, quand il démissionna, se

---

(1) *Vielmur*, village situé dans la commune de St-Paul-de-Salers.

trouva-t-il privé de toutes ressources. Informé de cette triste situation, le Roi nomma Pierre Lizet *abbé de Saint-Victor* (1), pour lui donner de quoi vivre.

Quelques ressources qui lui advinrent depuis lors, lui permirent encore d'allonger la liste de ses bonnes œuvres. Par testament en date du 7 juillet 1554, il fonda cinq bourses, pour entretenir à perpétuité, au *Collège de Justice* à Paris, « cinq enfants originaires de Salers, indigents et bien disposés à l'étude ».

Plongé dans la retraite, Pierre Lizet publia un important ouvrage de Droit intitulé : *Manière de procéder dans les causes civiles et criminelles.*

Aujourd'hui, nul ne jette plus les yeux sur l'œuvre juridique du Président Lizet. Mais son œuvre philanthropique est toujours vivante à Salers. L'Hôtel-Dieu qu'il fonda et dota si généreusement est toujours ouvert à la misère, aux infirmités, à la vieillesse. Faut-il en dire davantage pour exprimer tout ce que les habitants de la région doivent de reconnaissance à la mémoire de cet homme de cœur dont les bienfaits, de fondation déjà si ancienne, se sont perpétués jusqu'à nos jours ?

□   □   □

JEAN DE VERNYES

Ce personnage est célèbre par les *Mémoires* qu'en 1589 et 1593, il adressa au Roi, dont il était le conseiller et l'ami, pour le renseigner sur l'état des esprits dans la province d'Auvergne, relativement à la situation politique de l'époque. Il y indique notamment les moyens qu'il juge propres à permettre à Henri IV de conquérir les sympathies des habitants de cette province et d'y rétablir la tranquillité avec l'autorité royale.

(1) *Saint-Victor*, modeste abbaye située dans Paris,

Issu d'une bonne famille de bourgeois de Salers, JEAN DE VERNYES avait d'abord suivi le barreau au Parlement de Paris. Il ne tarda pas à y acquérir une brillante réputation, car on sait que Henri IV, encore simple roi de Navarre, le consulta sur une affaire litigieuse pendante au Parlement, qui le concernait. De là naquit sans doute la haute estime dans laquelle Henri IV ne cessa de tenir Jean de Vernyes.

En 1578, nous le voyons *Conseiller général près la Cour des aides de Montferrand*, et *Maître des requêtes de la reine Catherine de Médicis*. Puis, quelque temps après, il est nommé *Procureur général du Roi dans toute la France pour la réformation des abus dans l'administration* de la justice, avec mission de châtier les officiers de justice coupables de quelque forfaiture. Plus tard enfin, il est nommé *Président de la Cour des aides de Montferrand*, puis *Conseiller au Conseil privé de Navarre*. Il remplissait ces deux fonctions, lorsque le roi Henri IV lui accorda 400 écus de pension, « en considération, disait l'Ordonnance, des services qu'il avait faits à Sa Majesté depuis vingt ans ».

Jean de Vernyes, on le voit, est une figure de magistrat et de conseiller politique, peu banale, et à ces deux titres, certes, il mérite amplement sa place dans la galerie des hommes marquants qui ont illustré Salers.

▫ ▫ ▫

MATHIEU DE CHALVET
DE ROCHEMONTEIX (1528-1607)

Nul n'a mieux retracé les traits de cette belle figure de magistrat, que mon compatriote, M. Gaston de Lafarge, dans l'étude qu'il lui a consacrée (1).

---

(1) *Bulletin de l'Acad. des Sciences, lettres et arts de Clermont-Ferrand*. Année 1911, n° de novembre.

Mathieu de Chalvet de Rochemonteix (1) naquit à Salers le 30 mai 1528. Il était fils de Béringon Chalvet (que j'ai signalé plus haut comme donateur, en 1534, à l'église de Salers, de tapisseries de Flandre aujourd'hui disparues) et de Françoise Lizet, sœur de Pierre Lizet, premier Président du Parlement de Paris.

Le Président Lizet se chargea de la direction des études de son neveu, et l'amena, à peine âgé de onze ans, à Paris, où il lui fit donner par les meilleurs maîtres du temps, l'instruction la plus complète.

Attiré quelques années après, à l'Université de Toulouse, par une branche de sa famille fixée dans le Midi, Mathieu de Chalvet y fit de brillantes études de doctorat ès lois civiles. Puis, en 1550, on le voit partir pour l'Italie. Cédant en effet à la mode du temps, « il tint à honneur d'aller prendre un dernier vernis de littérature dans ce pays dont le rayonnement intellectuel et artistique avait alors tant de prestige (2). »

De retour en France, sa haute culture littéraire et ses brillantes connaissances juridiques ne tardèrent pas à attirer l'attention sur lui. En 1551, l'*Académie des jeux floraux* de Toulouse lui décerna le titre de *Mainteneur* et le nomma *Juge de la poésie française*. Il devait justifier par la suite l'honneur de compter parmi les membres de cette Académie réputée, en donnant une remarquable traduction des œuvres de Sénèque, qui eut plusieurs éditions en 1604, 1628 et 1631.

La même année, il fut nommé *Conseiller du Roi au Parlement de Toulouse*. Vingt ans après, *la présidence de la seconde Chambre de cette Cour* étant

---

(1) *Rochemonteix*. Fief situé dans la commune du Falgoux, canton de Salers. Il y a eu aussi un autre fief de ce nom dans la commune de Cheylade, canton de Murat, où la famille de Chalvet de Rochemonteix a résidé depuis le XVIIe siècle.

(2) *Mathieu de Chalvet* par M G. de Lafarge.

devenue vacante, ses collègues le désignèrent à l'unanimité pour occuper cette place et ce choix fut ratifié par le Roi.

Au cours de cette longue présidence qui dura trente années, de 1573 à 1603, Mathieu de Chalvet montra qu'il possédait à un haut degré les qualités de magistrat de race : connaissance approfondie du Droit, grande largeur de vue, probité à toute épreuve, bienveillante indulgence pour les faibles, indépendance absolue vis-à-vis des grands, « craignant Dieu et le servant fidèlement » (1).

En 1595, il fut délégué par la Cour de Toulouse à Lyon, auprès du Roi Henri IV, pour le complimenter. La même délégation lui fut faite en 1603 pour le règlement de plusieurs affaires importantes. Henri IV le récompensa en le nommant *Conseiller en ses Conseils d'Etat et privé*. C'était le juste couronnement de cette belle carrière.

Mathieu de Chalvet garda deux années seulement ses nouvelles fonctions. Il prit sa retraite en 1605 et mourut deux ans après, âgé de 79 ans.

Un de ses admirateurs, le toulousain Pierre Filère, a écrit à son sujet, dans le style ampoulé de l'époque, cette phrase qui résume tous les éloges qu'on peut faire d'un homme vertueux et éclairé :

« *En perdant le Président Chalvet, la vertu a perdu son meilleur ami et l'ignorance son plus grand ennemi* ».

□ □ □

TYSSANDIER D'ESCOUS (1813-1889)

Ce personnage est celui auquel les Salernois reconnaissants ont élevé un buste sur la jolie place de leur ville.

A la différence des hommes marquants qui précèdent, celui-ci ne brilla point d'un éclat particulier dans la science du Droit et des Lois. Il descendait

(1) *Mathieu de Chalvet*, par M. G. de Lafarge.

pourtant d'une famille de *robe*. Sa renommée est due aux services éminents qu'il a rendus à son pays, en améliorant la race bovine autochtone, qui, jusqu'à lui, avait été peu appréciée, et en la rendant partout célèbre sous le nom de *race de Salers*.

PIERRE-GABRIEL-MARIE-DE-LORETTE-ERNEST TYSSANDIER D'ESCOUS naquit à Salers, en 1813, d'Antoine-Jean-Marie Tyssandier d'Escous (1) et d'Iphigénie de Léotoing d'Anjony de Foix (2).

Place de Salers et statue Tyssandier d'Escous

Dès que ses études furent terminées, Ernest Tyssandier d'Escous se voua à l'Agriculture et résolut de faire de cette branche de l'industrie humaine l'objet de son activité.

Le cheval fut d'abord sa passion. Ecuyer consommé, on cite encore les traits d'audace, les courses folles qu'il fit jusqu'aux dernières années de sa vie, monté sur ces chevaux du pays auxquels l'infusion du sang arabe avait donné de si étonnantes qualités d'agilité et d'endurance (3). « Nul ne savait mieux

---

(1) *Escous*, nom d'une ancienne propriété seigneuriale située près de Saint-Bonnet-de-Salers, qui passa en 1703 dans la famille Tyssandier, par suite du mariage de M. Antoine Tyssandier, lieutenant particulier civil et criminel de la ville de Salers, avec Jeanne de Landrodie *d'Escous*.

(2) La famille *de Léotoing d'Anjony de Foix* est actuellement représentée dans le pays par la Marquise de ce nom et ses enfants, au château d'Anjony, près Tournemire (Cantal).

(3) Il y a 50 ans, le célèbre agronome *Richard*, député du Cantal, écrivait : « Les montagnes d'Auvergne furent un des pays de France et même d'Europe qui s'étaient fait une réputation pour l'éducation du cheval léger ».

monter à cheval que lui, a dit excellemment un de ses biographes (1). Il est vrai que ce cavalier accompli cheminait parfois en casse-cou, escaladant les sentiers les plus abrupts, gravissant les pentes escarpées du Puy Mary, parcourant en deux heures la distance de Salers à Aurillac pour se rendre aux séances du Conseil général. Aussi, que de dangers courus! Que de chapeaux perdus! Que d'aventures survenues! Le cheval était une passion de sa vie. »

Mais l'amour du cheval et les soins apportés à l'amélioration de la rache chevaline ne pouvaient fournir à Tyssandier d'Escous un champ assez vaste pour satisfaire son activité. Les montagnes de Salers étaient autrement peuplées en bestiaux qu'en chevaux, et le gain donné par l'élevage, même amélioré, de ceux-ci, ne pouvait se comparer avec celui qu'on pouvait attendre du perfectionnement de la race bovine dont Salers était le berceau.

Tyssandier d'Escous vit, jeune encore, l'œuvre à accomplir. Possesseur d'une belle fortune, propriétaire dans les communes, si riches en herbages, de Saint-Bonnet et d'Anglards-de-Salers, il entreprit dans sa région la transformation de la race bovine du pays.

« Lentement peut-être, a fait justement écrit M. Jules Sérieys, mais avec une sûreté de coup d'œil remarquable, par la pratique raisonnée des lois de la sélection, il parvint à défaire nos *Salers* de leur conformation osseuse, décousue, anormale, et augmenta en eux la relation du poids net et du poids brut (2). »

Mais que de peines pour atteindre le but poursuivi; que de voyages pour apprendre les méthodes usitées dans les autres pays, que de concours suivis, que d'expositions visitées, sans parler des multiples efforts et démarches de tout genre pour vaincre la routine et la timidité des éleveurs!

---

(1) *Les célébrités de Salers et M. Tyssandier d'Escous*, par M. l'abbé Lafarge.
(1) M. J. Sérieys. *La race bovine de Salers et M. Tyssandier d'Escous*.

Chaque année, depuis 1853, le département du Cantal organise un *Concours spécial de la race bovine de Salers*. On en saisira tout de suite l'importance, si je dis que le montant des primes distribuées ne s'élève pas à moins de 12.000 francs. C'est à Tyssandier d'Escous que revient pour la plus grande part le mérite de cette création. Il comprit, en effet, lorsqu'il fut lancé à fond dans l'œuvre de la régénération de la race de Salers, que pour stimuler le zèle des éleveurs, il était indispensable d'instituer un concours annuel spécial, et c'est à cette création qu'il employa pendant quelques années sa double autorité de *Président du Comice agricole* et de *Conseiller général* du canton de Salers. (Les électeurs de ce canton avaient eu le bon sens, en 1848, de le choisir pour leur représentant à l'Assemblée départementale, en remplacement de son père démissionnaire.)

Race de Salers

En 1853, les efforts de Tyssandier d'Escous furent couronnés de succès. Le gouvernement impérial, désireux d'encourager l'amélioration des races bovines françaises, alloua une somme de 2.500 fr. pour l'organisation, à Salers, d'un concours départemental de l'espèce bovine de ce pays. Depuis, ce crédit a été progressivement augmenté et porté, comme je l'ai dit plus haut, à la jolie somme de 12.000 francs (1). Mais les initiateurs d'une œuvre n'ont-ils pas plus de mérite que ceux qui, après eux, la continuent et la développent? A ce titre, Tyssan-

---

(1) Voir pour les détails sur ce *Concours*, ma MONOGRAPHIE AGRICOLE DU CANTON DE SALERS. Gentet, éditeur à Aurillac, 1904.

dier d'Escons a droit à la plus vive reconnaissance des éleveurs cantaliens.

Ajoutez aux services éminents rendus par lui à son pays dans le domaine agricole, l'art de plaire qu'il possédait au suprême degré, le don de la parole, la jovialité que nous appelons aujourd'hui le bon-garçonnisme, la générosité, la noblesse du caractère, la distinction des manières, et vous comprendrez que ses compatriotes aient tenu à honneur d'élever un monument à cet homme, qui fut à la fois la providence et l'ami du paysan auvergnat, tout en ne cessant jamais de rester un parfait gentilhomme.

Fin

Aurillac. — Imprimerie Moderne

www.ingramcontent.com/pod-product-compliance
Lightning Source LLC
LaVergne TN
LVHW052107090426
835512LV00035B/1312